Budapest

www.guiasar

nformación y ;
estinos favoritos

los derechos rese-

- **Las mejores guías de viajes**

- **Tienda online:** te mandamos las guías a casa

- **Información y consejos exclusivos para viajar por el mundo**

- **Catálogo:** todas nuestras guías, atento a las últimas novedades

Índice:

 Top10 ARCOIRIS

Las 10 visitas imprescindibles
⟵ *(solapa delantera)*

Significado de los símbolos

 Especialmente indicado para familias con niños

 Alojamientos adaptados para discapacitados

 Alojamientos que permiten perros

 CREDIT *Se aceptan tarjetas de crédito*
No se aceptan tarjetas de crédito

Precios por noche en habitación doble sin desayuno:

●●●● *desde 350 €*   ●● *desde 130 €*
●●● *desde 200 €*   ● *hasta 100 €*

Precios para un menú con entrante y postre, sin bebida:

●●●● *desde 90 €*   ●● *desde 20 €*
●●● *desde 50 €*   ● *hasta 15 €*

🌈 Consejos ARCOIRIS

Sugerencias y recomendaciones para viajeros experimentados e independientes (solapa trasera) ⇢

Budapest se presenta

El neorrománico Bastión de los Pescadores fue construido sobre una de las colinas de la ciudad entre 1899 y 1905.

Su pintoresca situación, sus espléndidos edificios imperiales y reales, su ambiente acogedor y agradable hacen de la ciudad a orillas del Danubio un atractivo destino.

Thomas Mann, que estuvo varias veces en Budapest durante los años treinta, hizo ya entonces la observación de que la capital húngara era probablemente la ciudad más elegante de Europa. Usó el adjetivo "elegante" no como sinónimo del brillo radiante de lo mundano o del comportamiento aristocrático, sino que quiso describir el alma, el carisma, el efluvio de la ciudad. Pero junto a la elegancia de frac y sombrero de copa hay también una elegancia plebeya, una ilusión que exhibía el Budapest de los años treinta, y que se ha mantenido hasta hoy.

El aspecto urbano de la metrópoli de dos millones de habitantes **está marcado por el Danubio**, que atraviesa la ciudad. El poeta y novelista francés Jules Romains escribió: Budapest junto con el Danubio forma uno de los más bellos paisajes de ciudad y río que existen, quizás el más bonito de Europa, igual que Londres y el Támesis o París y el Sena. En la orilla derecha del ancho río rodeada de

Bonito lugar de ensueño

montes está **Buda**, en la orilla izquierda la llana **Pest**, que limita con la vega. Con razón dice la gente de Budapest que entre las capitales de Europa no hay una combinación tan armoniosa de río, paisaje y arquitectura. La primera vista del paisaje de Budapest debería ser desde el Bastión de los Pescadores.

Se sigue, con esto, una antigua tradición, después de que el viajero tiene su primera cita con la ciudad en este bastión, donde puede apreciar el semicírculo del Danubio con sus puentes e islas, Buda con sus colinas y montañas, Pest con su red de calles como si

estuviéramos frente a un plano de la ciudad. Incluso se pueden reconocer los perfiles de los edificios más conocidos y distinguir los monumentos. Y así, más tarde, el visitante se siente en Budapest como si estuviera en casa, después de haber visto la ciudad a sus pies ...

Lo característico de la ciudad del Danubio es que empezó a evolucionar para convertirse en metrópoli a finales del penúltimo siglo. Los valientes padres de la ciudad quisieron llegar a ser la compe-

Pest: ejemplo inigualable del Historicismo

tencia de Viena, dentro de la monarquía austro-húngara, y lo hicieron a través de acciones bien planeadas.

En aquellos tiempos esta rivalidad dio lugar a las largas vías de tranvía en las orillas del Danubio, a los abundantes puentes y circunvalaciones, al **Parlamento**, a la **Ópera** y a muchos otros edificios públicos. También entonces fueron derribados barrios de campesinos y construida allí parte del centro de la ciudad de Pest y amplias calles. Por eso la mayoría de las construcciones tienen las características del historicismo, estilo de finales del penúltimo siglo.

Un ejemplo típico es la **gran avenida**, una circunvalación de más de 4 Km de largo y 45 m de ancho, que transcurre en semicírculo desde la salida este del puente de Margarita hasta la salida este del puente Petofi. Aunque el historicismo como estilo arquitectónico es discutible, no se puede negar la conciencia de urbanismo de este complejo, más aun cuando al renovar todos los edificios antiguos se conservaron sus magníficas fachadas.

Vista desde el Bastión de los Pescadores sobre el Danubio y Budapest iluminada de noche. Al fondo se ve la cúpula del Parlamento húngaro.

La gran avenida pertenece a Pest. Si se compara con ella la vieja Buda, emplazada al otro lado del Danubio, muestra más bien un aspecto verde. Las calles y edifica-

Buda: el verde refugio de la ciudad

ciones se extienden hasta las colinas de Buda, así que los bosques, prados, claros del bosque y manantiales se encuentran cerca de la ciudad, o a un par de estaciones de tranvía como muy lejos.

La grandeza de los barrios surge y se construye aún hoy, por ejemplo el **Rózsadomb** (colina de rosas). La Colina de las Rosas pertenece desde hace tiempo a los barrios preferidos de la capital, los precios del terreno y los inmuebles son aquí, por consiguiente, muy altos. En los años entre las guerras mundiales era dominio exclusivo de ciudadanos acaudalados.

Después de 1945, sobre todo durante los años 50, se trasladaron allí los altos funcionarios de la nueva administración del estado, y los ciudadanos de Budapest, que no dejan pasar la oportunidad de hacer un comentario agudo, bautizaron en el acto a la Colina de las Rosas como el "Sector de los Mandos". Más tarde se permitieron también construcciones privadas, casi se patrocinaron, y así levantaron aquí los nuevos ricos sus fabulosas villas.

La huida hacia los barrios, del estrepitoso centro de la ciudad de Budapest con su aire viciado, permitió que surgieran en **Farkasrét**, **Pasarét** y **Kelenfold** las llamadas ciudades jardín con bonitas casas unifamiliares rodeadas de vegetación.

Las peculiaridades de Budapest y de sus habitantes impresionaron a un viajero desconocido que,

Puerta barroca del Palacio, reconstruido por los Habsburgo.

a finales del penúltimo siglo escribió: "Si el camino te guía desde el Este en dirección al Oeste de Europa, se intuye el espíritu occidental por primera vez en Budapest. Si se viaja del Oeste al Este de Europa, se intuye aquí por vez primera el espíritu del Este". Este dicho es todavía válido hoy día.

La situación como punto de intersección de dos culturas y el especial papel de Budapest resultante de ello influye menos en la arquitectura y mucho más en el ritmo

Atractiva intersección entre Este y Oeste

de vida de la ciudad, en la **mentalidad del ciudadano de Budapest** como expresión. El espíritu práctico occidental (principalmente de los alemanes, que durante siglos ejercieron aquí su influencia) y la vida racionalista de la que gustan aquí se combina con la impasibilidad y el desorden oriental.

Pero, ¿que hace a la gente de esta ciudad ser realmente de Budapest? Para responder a esta pregunta, deberíamos estudiar un poco la "vida interior" y las costumbres de los lugareños. Con ello posiblemente conseguiremos acercarnos a la difusa sensación que las gentes de esta ciudad tienen cuando representan la obra titulada "Vida" en su propio escenario, que es en parte una tragedia, en parte una comedia y en parte la expresión de una farsa.

En realidad el ciudadano de Budapest, que se muestra ahora realista, ahora flemático y que tiene predilección por el *cool*, es romántico. Aunque contra ese romanticismo y los sentimientos exuberantes se defiende con ironía y riéndose de sí mismo. Para ello cumple a rajatabla las reglas del Drama, lleva cada discusión, cada coloquio a una dura rivalidad por la mejor salida: él debe tener la última palabra, a ser posible en la forma de un acertado chiste, por el que cobra si no aplausos, al menos miradas de reconocimiento.

No se puede comprender a la gente de Budapest sin su particular sentido del humor. "Nosotros no bromeamos con el Humor", escribió un excelente conocedor del alma de esta ciudad, el escritor Frigyes Karinthy (1887–1938). Contar chistes es exteriorizar la opinión individual y colectiva sobre política, buenas y malas noticias, determinados sucesos, personas queridas u odiadas, desgracias personales e inesperadas alegrías, sobre la familia y el puesto de trabajo. En resumen: sobre todo, lo que le pasa a uno en el transcurso de la vida. El chiste en

Budapest florece incluso en los malos tiempos, durante la terrible última fase de la Segunda Guerra

humor de la gente de udapest

Mundial y en el estalinismo que impregnó los años cincuenta, y aunque era realmente peligroso, siempre había algo o alguien sobre lo que hacer chistes.

Por supuesto que también existe el típico humor negro de Budapest. El cómico judío Béla Salamon fue apresado por los nazis en 1944 e interrogado por un oficial húngaro de la Gestapo. "¿Nombre? – Béla Salamon – ¿Edad? – Voy a cumplir sesenta". Entonces Salamon miró a los ojos del esbirro cándidamente y preguntó: "Pero, dígame, ¿cumpliré sesenta?"

Hace casi dos mil años, del 35 al 34 de nuestra era, el que más tarde sería el emperador Augusto conquistó la nueva provincia roma-

Ya los romanos estuvieron aquí

na de Pannonia, desde los Alpes hasta el Danubio. Sus sucesores levantaron para sus legionarios un campamento y ciudad de **Aquincum** en la linea fronteriza del río.

El siguiente monumento antiguo de la ciudad procede ya del siglo XVIII, es el Palacio barroco en las calles del barrio de **Buda**. Esta construcción pertenece hoy al pasado, aunque antaño fuera el mejor ornamento de Buda, mostrando la floreciente cultura magiar. Pocas grandes ciudades europeas han sufrido desde el siglo XVI hasta nuestros días tantas guerras y enfrentamientos como Budapest.

A mediados del siglo XVI comenzó la ocupación turca de los asentamientos de Buda, Óbuda y Pest, que después se unificarían en la ciudad de Budapest, junto con el resto del país. De aquella época apenas han quedado edificios. Cabe destacar de entre todos ellos el mausoleo de un hombre santo llamado Gül Baba en la falda sur de la Colina de las Rosas y la cúpula rosada del **Király fürdő** (Baño Real) en el Fő utca. En año 1686 la soberanía turca fue derrotada gracias a la unión de fuerzas de los ejércitos imperiales, por lo que la devastación de la ciudad fue indescriptible. Después se estableció con los **Habsburgo** un período de construcciones totalmente **barrocas**, que influyó principalmente a **Buda**, incluyendo la reconstrucción del Palacio Real, algunas iglesias muy bonitas en **Pest** y la imponente **Casa de los Inválidos**.

En la primera mitad del siglo XIX floreció con fuerza la nación húngara. La llamada época de la reforma hizo de Pest una gran ciudad. En 1846 ya tenía 100.000 habitantes, a diferencia de las 40.000 almas de la antigua residencia real, Buda. En este tiempo la arquitectura preferida era el clasicismo. A esa época pertenecen el Museo Nacional Húngaro, la iglesia **evangélica de** Deák tér y el puente de Las Cadenas, aún hoy un tesoro de la ciudad. La derrotada revolución por la libertad de 1848/1849 llevó a un acuerdo con la casa de los Habsburgo y fue la base para el éxito de la monarquía austro-húngara. Viena y Budapest se convirtieron por así decirlo en ciudades hermanas, y la joven Budapest ascendió a metrópoli. Fue en 1873 cuando los hasta entonces asentamientos de **Óbuda**, **Buda** y **Pest se** unificaron, adoptando el nombre de Budapest. La expresión arquitectónica del creciente bienestar de la burguesía y del desbordado ir y venir de la conciencia nacional es el magnífico edificio del Parlamento en la ribera del Danubio en Pest. Hay también signos inconfundibles de la competencia con Viena en edificios como la Ópera, la Basílica de San Esteban y el Mercado Central en Fővám tér.

La época entre las dos guerras mundiales apenas enriqueció la capital con obras arquitectónicas, exceptuando algunas casas inspiradas por la Bauhaus y la iglesia católica de Városmajor. Pero todavía vino algo peor: la destrucción durante la Segunda Guerra Mundial sobrepasó todo lo anterior. Al final quedaron sólo 10.000 de los 40.000 edificios de Budapest. Algunos de los puentes sobre el Danubio fueron volados y las dos partes de la ciudad quedaron separadas. Sobre las calles yacían un millón y medio de metros cúbicos de escombros.

Entre los modernos edificios del Budapest de hoy destacan, como únicos, la ronda de los hoteles de Budapest en la Szilágyi Erzsébet fasor, más lejos los hoteles en la orilla del Danubio en Pest, el Népstadion (El Estadio del Pueblo), que desde 2003 lleva el nombre de la famosa estrella del fútbol mundialmente conocida, Puskás Ferenc, y por último el Centro de Congresos de Budapest.

En los años 1989-90, después de cuarenta años de gobierno totalitario del Partido, el sistema socialista fue sustituido por una democracia parlamentaria. Los nuevos gobiernos ven como su deber el desarrollo de la economía de mercado. En otoño de 1990 llegaron al poder en la capital y en los concejales de los partidos democráticos. Aunque este giro por supuesto no cambió el rostro de la ciudad de un día para otro y mucho menos la vida de sus habitantes. Los cambios se mostraron sobre todo en los rótulos de las calles y

El mercado central en Fővám tér fue construido en el s. XIX. Los puestos ofrecen una gran variedad de verduras, frutas, carne y queso.

Hungría es un país interesante para los inversores extranjeros. Y después de la entrada en la Unión Europea las condiciones de mercado son aún más atractivas.

en la desaparición de antiguas estatuas. Una curiosidad de Budapest es que en las afueras hay un parque de esculturas en el que, tras el cambio del 1989/90, se colocaron las estatuas retiradas de calles y plazas de los "grandes": Marx, Engels, Lenin, etc. Los dos nuevos lugares de interés turístico de Budapest son la exposición del Holocausto y el Reloj de Arena. La primera recuerda el triste pasado, la última es el símbolo de un futuro con grandes perspectivas. El 14 de Abril de 2004, el día del 60 aniversario del comienzo de la tragedia del Holocausto en Hungría, fue inaugurado el museo en la restaurada sinagoga de la calle Páva. Muestra los hechos de la matanza de más de medio millón de judío húngaros en los campos de concentración nazis. El Reloj de Arena está en un bosquecillo de la ciudad junto a la Plaza de los Héroes. La obra de arte de dos metros de alto es un enorme reloj en el que caen los granos de arena para medir el tiempo. Sólo que en este enorme cronómetro no se miden minutos sino un año completo. El reloj comenzó a funcionar el 1 de Mayo de 2004 a las 0 horas, el momento en que Hungría entró a formar parte de la Unión Europea, y se le da la vuelta en la noche del 31 de Diciembre.

Un periodista escribió en tono irónico, con algo de reconocimiento y algo de anuncio, que Budapest era "la ciudad de los dos millones de artistas". El hecho es que el modo de vida actual de los ciudadanos de Budapest es un

Los artistas de Budapest

misterio, ya que aparentemente viven muy bien. Al reflexionar sobre las historias que te cuentan de Budapest, llegas a la conclusión de que todos sus habitantes han debido ser siempre artistas.

Saber dónde ...

Aquí no sólo se sirve una excelente comida. En el bar del restaurante Gundel los huéspedes disfrutan de su bebida en un histórico y selecto ambiente.

En los hoteles de gran tradición se disfruta de un buen servicio, de un sentimiento nostálgico yendo de compras y del simple transcurrir del tiempo en los famosos baños termales: esto es Budapest.

Alojamiento

Con 21.000 plazas hoteleras, Budapest ofrece una gran variedad de posibilidades de alojamiento para el visitante.

El Gellért, edificado en estilo modernista entre 1912 y 1918, es sin duda uno de los hoteles más conocidos de Budapest.

Debido a la gran afluencia durante casi todo el año es recomendable reservar una habitación antes de viajar. En cualquier caso, es imprescindible durante el verano o cuando haya ferias, festivales o congresos. Las reservas pueden hacerse directamente en el hotel o en una agencia de viajes. La mayoría de los hoteles de Budapest son comparables a los hoteles occidentales de igual categoría y tienen estándares parecidos en la escala de precios. Se están construyendo gran número de hoteles de lujo en Budapest, que en los próximos años estarán a disposición del turista.

Los alojamientos de lujo: situado en el corazón de la ciudad el hotel de cinco estrellas Grandhotel **Corvinus Kempinski** no es sólo el preferido de los extranjeros, si no que sus estancias han sido muy apreciadas como punto de encuentro por los húngaros. Aquellos que se sienten unidos a la tradición preferirán el **Hilton**, cuya moderna arquitectura con históricos adornos es maravillosa. Para los fans del medioambiente está el Hotel Balneario de la isla Margarita, con sus relajantes y refrescantes baños de aguas curativas. La red de alojamientos privados es muy grande.

Alojamiento con familias: este servicio es utilizado normalmente por los turistas con menos dinero. También los viajeros experimentados que se pueden permitir un hotel de lujo, prefieren a menudo alojarse en una vivienda local. El viajero disfruta del confort deseado, pero comparado con un hotel pasa su tiempo en un ambiente familiar y a la vez recibe información auténtica sobre la vida en Budapest.

HOTELES ●●●●

Budapest Marriott ····⟩ Pág. 113, E 12
Uno de los grandes hoteles, muy céntrico, a la orilla del Danubio, desde todas las habitaciones se tiene una vis-

ta de ensueño sobre el Danubio y Buda.
V., Apáczai Csere János utca 4;
Telf. 2 66 70 00, Fax 2 66 50 00;
www.marriott.com; Metro: 3,
Ferenciek tere (c 5); 340 Habitaciones
●●●● AmEx MASTER VISA

Hilton ····⟩ Pág. 112, C 11
Es el hotel moderno más bonito de la ciudad. Está en el barrio del Castillo, al lado de la Iglesia de Matías. Este edificio es un ejemplo de cómo armonizar la arquitectura moderna con la histórica: el Hilton fue integrado sobre los restos de un convento gótico de Dominicos.
I., Hess András tér 1–3;
Telf. 8 89 66 00, Fax 8 89 66 44;
www.budapest.hilton.com; Burgbus (b 4);
323 Habitaciones ●●●● AmEx MASTER VISA

Kempinski Hotel Corvinus Budapest ····⟩ Pág. 113, E 11
No es ninguna casualidad que el Kempinski utilice para su Hotel Corvinus el apellido latino del rey renacentista húngaro Mátyás (Matías). El hotel, construido en el centro de la ciudad, es un palacio regio con todos los lujos modernos imaginables.
V., Erzsébet tér 7–8;
Telf. 4 29 37 77, Fax 4 29 47 77;
www.kempinski-budapest.com;
Metro: 1, 2, 3, Deák tér (b 5);
386 Habitaciones ●●●● AmEx MASTER VISA

Le Meridien Budapest
····⟩ Pág. 114, A 15
Uno de los más nuevos hoteles de lujo de Budapest. Se abrió en el Palacio Adria, en la que es quizás la situación más céntrica de la ciudad. El elegante hotel clásico tiene una maravillosa cúpula Art-déco y ofrece todo lo que se puede esperar de un hotel de cinco estrellas.
V., Erzsébet tér 9–10;
Telf. 4 29 55 00, Fax 4 29 55 55;
www.lemeridien-budapest.com; Metro: 1, 2, 3, Deák tér (b 5); 218 Habitaciones
●●●● AmEx MASTER VISA

Millenium Court Marriott Executive Residence

····⟫ Pág. 113, E12

Un hotel en el corazón de la ciudad, está pensado principalmente para ejecutivos.

V., Pesti Barnabás utca 4; Telf. 2 35 18 00, Fax 2 35 19 00; www.marriott.com; Metro: 3, Ferenciek tere (c 5); 108 Apartamentos

●●●● AmEx MASTER VISA

Sofitel Atrium Budapest

····⟫ Pág. 113, D 11

Una construcción moderna a orillas del Danubio. El patio interior tiene un bonito jardín, está cubierto y tanto el vestíbulo como el Café tienen un ambiente acogedor. Hay habitaciones normales y también pequeños apartamentos para alquilar.

V., Roosevelt tér 2; Telf. 2 66 12 34, Fax 2 66 91 01; www.sofitel.hu; Tranvía: 2 (b 5); 353 Habitaciones

●●●● AmEx MASTER VISA

Thermal Hotel Margitsziget (Hotel Termal Isla Margarita)

····⟫ Pág. 109, E 2

En este hotel balneario se combina el moderno confort con la tradicional adaptación al maravilloso entorno natural de la isla Margarita.

XIII., Margitsziget; Telf. 8 89 47 00, Fax 8 89 49 88; www.danubiusgroup. com/thermalhotel; Autobús: 26 (b 2); 206 Habitaciones●●●● AmEx MASTER VISA

HOTELES ●●●
Best Western Lido

····⟫ Pág. 109, norte D 1

Hotel bien equipado con muchas instalaciones deportivas. Situado en Óbuda, en la orilla romana del Danubio

III., Nánási út 67;

Telf. 4 36 09 80,Fax 4 36 09 82; www.bestwestern-ce.com/lido; Tren HÉV: Római fürdő (b 1); 79 Habitaciones, Abr–Oct 146 Habitaciones ●●●

Corinthia Hotel Aquincum

····⟫ Pág. 109, D 1

Este elegante hotel se encuentra a orillas del Danubio, con vistas a la isla Margarita, cerca de las antiguas termas romanas.

III., Árpád fejedelem útja 94; Telf. 4 36 41 00, Fax 4 36 41 56; www.corinthia.com/aquincum; Tren HÉV: Árpád híd (b 2); 312 Habitaciones ●●● AmEx MASTER VISA

Flamenco Budapest ····⟫ Pág. 116, C 19

Ideal, si se desea algo céntrico pero tranquilo. El hotel está en un bonito parque en Buda junto a Feneketlen tó (Lago Profundo). En su restaurante se ofrece cocina española.

XI., Tas vezér utca 3–7; Telf. 8 89 56 00, Fax 8 89 56 51; www.danubiusgroup.com/flamenco; Autobús: 7 (b 6); 348 Habitaciones

●●● AmEx MASTER VISA

Gellért

····⟫ Pág. 117, E 17

El famoso hotel, es a la vez balneario. La espléndida fachada modernista y las cuidadas habitaciones dan una sólida elegancia. Al contrario que las famosas termas que pertenecen al hotel, las habitaciones no son modernistas, sino que tienen el estilo de los años 50.

XI., Szent Gellért tér 1; Telf. 8 89 55 01, Fax 8 89 55 05; www.danubiusgroup. com/gellert; Autobús: 7 (b 5); 235 Habitaciones ●●● AmEx MASTER VISA

Grand Hotel Hungaria

····⟫ Pág. 114, B 15

El hotel más grande de Budapest está cerca de la Estación Este en una gran avenida, por lo cual no debemos esperar noches tranquilas.

VII., Rákóczi út 90; Telf. 8 89 44 00, Fax 8 89 44 11; www.danubiusgroup.com/ grandhotel-hungaria; Metro: 2, Keleti pályaudvar (c 4); 499 Habitaciones

●●● AmEx MASTER VISA

Fachada del Mercure Nemzeti, hotel tradicional en el ambiente empresarial de Budapest.

Inter-Continental Budapest
·····⤳ Pág. 113, E 12

En lo que a vistas se refiere, el Inter-Continental Budapest es quizás el más bonito de todos los hoteles en el Danubio.

V., Apáczai Csere János utca 12–14;
Telf. 3 27 63 33, Fax 3 27 63 57;
www.budapest.intercontinental.com;
Autobús: 15 (b 5); 400 Habitaciones
●●● AmEx MASTER VISA

Mercure Buda ·····⤳ Pág. 112, A 10

Cuidado edificio, muy céntrico, al lado de la Estación Sur, situado con vistas a la colina del Castillo.

I., Krisztina körút 41–43; Telf. 4 88 81 00,
Fax 4 88 81 78; www.mercure-buda.com;
Metro: 2, Déli pályaudvar (a 4);
394 Habitaciones ●●● AmEx MASTER VISA

Mercure Korona ·····⤳ Pág. 117, F 17

Los restos de la muralla medieval fueron cuidadosamente integrados en el moderno hotel que está al lado del centro de la ciudad. Las dos partes que forman el edificio se comunican por un puente que cruza la céntrica calle, y en el que hay un bonito Café.

V., Kecskeméti utca 14;
Telf. 4 86 88 00, Fax 3 18 38 67;
www.mercure-korona.hu;
Metro: 3, Kálvin tér (c 5);
433 Habitaciones ●●● AmEx MASTER VISA

Novotel Budapest Congress
·····⤳ Pág. 112, A 12

El edificio está en un gran parque, un poco a las afueras cerca de la autopista hacia Viena y al lago Platten. Este moderno hotel es recomendable para todos los visitantes del cercano Centro de Congresos.

XII., Alkotás utca 63–67;
Telf. 3 72 57 00, Fax 4 66 56 36;
www.novotel-bud-congress.hu;
Autobús: 12 (a 5);
324 Habitaciones ●●● AmEx MASTER VISA

Olympia ·····⤳ Pág. 83, a 3

Situado en Svábhegy (Colina de Suabia), en medio de los bosques de Buda y cerca de las pistas de esquí. Ideal para los fans del deporte.

XII., Eötvös út 40;
Telf. 3 95 64 47, Fax 3 95 64 52;
Autobús: 90 (a 5);
168 Habitaciones ●●● AmEx MASTER VISA

Radisson SAS Béke ·····⤳ Pág. 113, F 10

Hotel modernista, situado en en centro de la gran avenida. Fue totalmente modernizado aunque su encanto permanece inalterable.

VI., Teréz körút 43; Telf. 8 89 39 00,
Fax 8 89 39 15; www.danubiusgroup.
com/beke; Metro: 3,
Nyugati pályaudvar (c 4);
246 Habitaciones ●●● AmEx MASTER VISA

Taverna ····⟩ Pág. 113, E 12
Hotel con ambientes modernos, aunque familiares en la conocida calle de las tiendas en medio de la zona peatonal.
V., Váci utca 20; Telf. 4 85 31 00, Fax: 4 85 31 11; www.hoteltaverna.hu;
Metro: 3, Ferenciek tere (c 5);
224 Habitaciones ●●● AmEx MASTER VISA

Thermal Hotel Helia ····⟩ Pág. 109, E 3
Este hotel-balneario, cuya dirección es húngaro-finlandesa, está cerca de la orilla del Danubio de Pest. Habitaciones con vistas a la isla Margarita y a las colinas de Buda.
XIII., Kárpát utca 62–64; Telf. 8 89 58 00, Fax 8 89 58 01; www.danubiusgroup.com/helia, Trolebús: 79 (c 2);
262 Habitaciones ●●● AmEx MASTER VISA

HOTELES ●●
Astoria ····⟩ Pág. 113, F 12
Situado en el corazón de la ciudad de Pest, tiene una larga tradición. Las habitaciones son sencillas, pero confortables, y el ambiente es agradable, casi familiar
V., Kossuth Lajos utca 19–21; Telf. 8 89 60 00, Fax 8 89 60 91; www.danubiusgroup.com/ astoria; Metro: 2, Astoria (c 5);
128 Habitaciones ●● AmEx MASTER VISA

Benczúr ····⟩ Pág. 114, B 13
Un hotel familiar, cómodo, situado en una calle tranquila cerca del Városliget (Bosquecillo de la ciudad).
VI., Benczúr utca 35; Telf. 4 79 56 65, Fax 3 42 15 58; www.hotelbenczur.hu; Metro: 1, Bajza utca (c 4); 90 Habitaciones
●● AmEx MASTER VISA

Budapest ····⟩ Pág. 83, c 2
Un atractivo rascacielos redondo de 15 plantas. El hotel está rodeado por un parque y está cerca del parque de Városmajor, en la última estación del tren de cremallera, que sube a la colina de Buda.
II., Szilágyi Erzsébet fasor 47; Telf. 8 89 42 00, Fax 8 89 42 03;

www.danubiusgroup.com/budapest;
Tranvía: 18, 56, Autobús: 5 (a 4);
280 Habitaciones ●●

City Hotel Mátyás ····⟩ Pág. 113, E 12
Pensión acomodada en el barrio de la visitada bodega de Mátyás.
V., Március 15. tér 8; Telf. 3 38 47 11, Fax 3 17 90 86; www.hoteltaverna.hu;
Metro: 3, Ferenciek tere (c 5);
23 Habitaciones ●● AmEx MASTER VISA

City Hotel Pilvax ····⟩ Pág. 113, E 12
El Café Pilvax fue el punto de encuentro de los jóvenes de la Revolución de 1848. La pensión está sobre este café que se encuentra en zona peatonal.
V., Pilvax köz 1–3; Telf. 2 66 76 60, Fax 3 17 63 96;
www.hoteltaverna.hu; Metro: 3, Ferenciek tere (c 5); 36 Habitaciones
●● AmEx MASTER VISA

Erzsébet ····⟩ Pág. 113, F 12
Una casa familiar con un ambiente agradable, que fue renovada en el 2002. Está muy céntrica, en el corazón de la ciudad. La bodega restaurante se ha hecho famosa por su buena cocina.
V., Károlyi Mihály utca 11–15; Telf. 8 89 37 00, Fax 8 89 37 63; www.danubisgroup.com/erzsebet;
Metro: 3, Ferenciek tere (c 5);
123 Habitaciones ●● AmEx MASTER VISA

Ibis Hotel Aero
····⟩ Pág. 119, al Sureste de F 24
Situado cerca del aeropuerto, el transporte es muy barato. Buen restaurante.
IX., Ferde utca 1–3; Telf. 3 47 97 00, Fax 2 80 64 03; www.ibis-aero.hu;
Metro: 3, Határ út (e 6); 135 Habitaciones
●● AmEx MASTER VISA

Liget ····⟩ Pág. 114, B 13
Un moderno, elegante hotel cerca del bosquecillo de la ciudad.
VI., Dózsa György út 106;
Telf. 2 69 53 00, Fax 2 69 53 29;
www.liget.hu; Metro: 1, Hősők tere (c 3);
139 Habitaciones ●● AmEx MASTER VISA

Mercure Budapest Duna
⤳Pág. 118, A 23
Hotel en la entrada sur de la capital.
Cerca de la autopista Viena–Budapest
y a sólo 6 minutos del centro.
IX., Soroksári út 12; Telf. 4 55 83 00, Fax
4 55 83 85;www.mercure.com Tranvía: 4, 6,
Boráros tér (c 6); 130 Habitaciones
●● AmEx MASTER VISA
Mercure Nemzeti ⤳ Pág. 118, A 21
Hotel situado en el centro. Bonitas ha-
bitaciones pero muy ruidoso.
VIII., József körút 4; Telf. 4 77 20 00,
Fax 4 77 20 01; www.mercure.com;
Metro: 2, Blaha Lujza tér (c 5);
76 Habitaciones ●● AmEx MASTER VISA

Normafa Hotel ⤳ Pág. 83, a 3
Es un hotel-balneario y con instala-
ciones deportivas situado en la
Colina de Suabia.
XII., Eötvös út 52–54; Telf. 3 95 65 05,
Fax 3 95 65 04; www.normafahotel.com;
Autobús: 90; 62 Habitaciones
●● AmEx MASTER VISA

Panoráma ⤳ Pág. 83, b 3
Este alojamiento está en Széchenyihegy, en las colinas de Buda, y junto a unas bonitas vistas ofrece cuidadas habitaciones y buen servicio. Punto de salida ideal para esquiadores y
senderistas.
XII., Rege út 21; Telf. 3 95 61 21,
Fax 3 95 42 65; Tren cremallera: Széchenyihegy, Última estación; 36 Habitaciones,
54 Bungalows ●● AmEx MASTER VISA

Rege ⤳ Pág. 83, a 2
Un lugar recomendable en las colinas
de Buda. Ideal para quien desee evi-
tar el ajetreo de la ciudad: un lugar
tranquilo, con aire fresco.
II., Pálos út 2; Telf. 3 91 51 00,
Fax 2 00 88 24; www.hunguest.hu;
Autobús: 22; 172 Habitaciones
●● AmEx MASTER VISA

HOTELES ●
Hotel Bara ⤳ Pág. 116, A 17
Pensión a los pies de la colina de Ge-
llért, cerca de los baños Gellért.

Consejo **ARCOIRIS**
⭐**1 Grand Hotel Margitsziget**
A finales de siglo este hotel de la isla
Margarita fue el alojamiento preferido de famosos huéspedes, desde Ca-
ruso a Thomas Mann, y los artistas
húngaros eligieron esta creativa obra
como entorno inspirador e incluso
como su residencia permanente. El
edificio tiene además todas las co-
modidades de un balneario: el hués-
ped puede ir a través de un túnel bajo
tierra al balneario del vecino Thermal
Hotel Margitsziget.
XIII., Margitsziget; Telf. 8 89 47 00,
Fax 8 89 49 39; www.danubiusgroup.
com/grandhotel; Autobús: 26 (b 2);
164 Habitaciones ●●● AmEx MASTER VISA
⤳ Pág. 109, E 2

XI., Hegyalja út 34–36; Telf. 3 85 34 45,
Fax 3 85 09 95; www.hotelbara.hu;
Autobús: 8 (b 5); 44 Habitaciones
● hasta ●● AmEx MASTER VISA

Wien Hotel ⤳ Pág. 116, A 19
Está entre las concurridas autopistas
de la ciudad M1 y M7.
XI., Budaörsi út 88–90; Telf. 3 10 29 99,
Fax 3 10 30 05; www.hotelwien.hu;
Autobús: 40; 92 Habitaciones ●
AmEx MASTER VISA

ALOJAMIENTOS PRIVADOS
En Budapest y alrededores cercanos
hay unas 29.000 plazas de alojamiento privado. La limpieza y el orden están garantizada por las agencias de
viaje, con las que los dueños firman el
contrato y cuyo cumplimiento contro-
lan. La escala y con ella la determina-
ción de los precios depende tanto de
la situación como de la calidad del
servicio prestado. Durante la tempo-
rada baja y para estancias largas se
pueden conseguir buenos precios
(→ Información, Pág. 99).

Comer y beber

La cocina húngara es conocida por sus sopas de pescado, platos de carne y deliciosos postres.

En el ambiente del restaurante Kárpátia, con su friso de madera oscura, sus paredes pintadas con escenas históricas, la barandilla y los percheros de hierro forjado, el visitante regresa a la época de las amargas luchas de los magiares contra los turcos.

No podemos comenzar esta sección de otro modo que hablando del archiconocido gulash, seguramente la comida húngara más conocida en el extranjero, aunque en España lo identifiquemos con otro plato, no con el auténtico gulash.

Gulash: una sopa o un guiso

Este plato es una sopa, más exactamente un guiso, pero de ningún modo un plato principal con guarnición. Se le puede llamar también **caldera de gulash**, ya que los magiares cocían, cuando todavía eran el pueblo de Puszta (tierra estéril), carne de vaca con abundante cebolla dorada con manteca, guarnición de patata o pan y por supuesto una porción de pimentón para hacer una buena salsa. En un verdadero gulash no debe faltar, una pizca del alma húngara. Lo que en las cartas españolas se llama gulash, se parece en la cocina húngara al **Pörkölt**, que no es una sopa, sino un segundo plato con guarnición.

El pimentón dulce: un agradable aroma

Hay que corregir otro error. En la cocina húngara de ningún modo se cocina sólo pesado, grasiento y se especia con mucho pimentón picante. Eso gustaba antes, cuando la manteca era el ingrediente imprescindible y hacía espesas y sabrosas salsas. Hoy también hay en Hungría algún chef de moda, que cocina con poco aceite, pero bueno, y sólo cuece un poco al vapor sus guarniciones. Además, no todas las clases de pimentón son picantes y para rom-per a llorar; el llamado édes (pimentón dulce), por ejemplo, tiene un agradable aroma y da a las comidas un apetecible color rojo. Hay que tener cuidado con los pequeños, redondos y muy picantes pimientos-guindillas, que a menudo se venden en decorativas ristras.

Una especialidad de la cocina húngara es que la guarnición de la carne, en vez de patatas, arroz o pan, lleve a menudo verdura. Estas verduras suelen ser judías verdes o guisantes, berzas, zanahorias, nabos o calabazas. En invierno se cambia a judías blancas, guisantes amarillos o lentejas. De postre la cocina húngara ofrece **repostería o pastas**, realmente excelentes, aunque como remate de una buena comida les gusta también el queso.

Se elaboran buenos vinos en las colinas que rodean Balaton, el lago Platten, como la **Badacsonyi Kéknyelű** (Badacsony Blaustengler), ardiente, con una fina acidez; la **Badacsonyi Szürkebarát** (fraile gris Badacsony), suave y afrutado; y el **Csopaki Olaszrizling** (Csopaker/ vino espumoso italiano), un vino más suave, algo más ácido y seco. También de las uvas del norte de Hungría los ciudadanos de Eger y Gyöngyös producen un licor estupendo, con algo de **Egri Leányka** (uva de Erlau), suave y que llena la boca, pero además con muchas otras clases de uva de esta tierra "rica en vinos" El vino tinto más

Recomendable: los vinos húngaros

conocido procede de la ya mencionada zona de Eger. Está compuesto de cuatro clases de uvas, el aterciopelado y seco **Egri Bikavér** (sangre de toro de Erlau). Algo más fuerte que este es el **Egri Medoc Noir**

Consejo ARCOIRIS

2 Antigua cafetería con nuevo esplendor

El Café Central fue uno de los puntos de encuentro preferidos de los grandes escritores de principios del siglo XX. Aquí se reunía la redacción del legendario Nyugat. Los clientes podían recibir llamadas y se les proporcionaba papel para escribir. El Central fue construido de nuevo con su antigua forma. El ambiente y el servicio son de primera clase. Se puede sentar durante horas frente a una taza de café o comer bien. ¡También tienen buenos desayunos!.

V., Károlyi Mihály utca 9;
Telf. 2 66 21 10; Metro, Ferenciek tere (c5); Lu–Ju y Do 8–24, Vi–Sa 8–1 ●●●
⟶ Pág. 113, F 12

(Medoc Noir de Erlau), abocado y suave al paladar. También son buenos vinos tintos el **Soproni Kékfrankos** (tinto franco de Ödenburg) del extremo del país y algo más fuerte el **Villányi Oportó** (Oporto de Villány) del Danubio.

Bares, cervecerías y tabernas: También es cierto que en Budapest, no siempre se come mejor en res-

Los distintos tipos de locales

taurantes elegantes y caros, y que en muchos pequeños mesones se puede estar especialmente cómodo, y más si se debe cuidar de no gastar mucho dinero.

Cafés y pastelerías: una separación exacta entre cafés y pastelerías resulta difícil de hacer. A menudo el rótulo dice pastelería, pero cuando se entra, a veces encontramos hasta salchichas calientes,

mientras que la variedad de pasteles y tartas en algunos cafés daría envidia a cualquier pastelería. Además el cliente puede encontrar en todos estos locales sin excepción licores y cerveza. Pero lo que todos tienen en común es el café lleno de aroma que hacen las humeantes máquinas de expreso y la atención, que consiguen un ambiente íntimo, sobre todo por las diminutas mesitas a las que los clientes se sientan en estrechos pero cómodos asientos.

Restaurantes: en Budapest hay registrados 2.800 grandes y pequeños, fastuosos y sencillos. En la mayoría, excepto en los restaurente de lujo, se puede comer entre las 12 y las 14:30, con dos menús para elegir de tres platos cada uno. Las raciones son pequeñas cuando se pide a la carta, pero quien no tenga demasiado hambre se saciará con seguridad. Además, el menú es más barato. Si la carta no advierte de la guarnición en los platos de carne, se debe pedir como un extra y también pagarlo.

ESPECIALIDADES
Sopa de pescado
Halászlé: se podría describir como una sopa de pescado con cebolla y especiada con pimentón, pero es mucho más. Cuando la Halászlé está en la mesa y esparce su aroma, se presiente el alma húngara. Lo mejor es probar la sopa de pescado en uno de los numerosos y animados "jardines de pescadores" con romántica música zíngara.

Platos de carne
Székely gulyás (gulash Szekl): cebolla rehogada, col fermentada, gulash de cerdo y crema agria.
Kolozsvári töltött káposzta (rollo de col relleno): col fermentada cocida rellena con arroz, y pimiento

picado con beicon y crema agria.
Csáky rostélyos (carne asada a la
Csáky): carne asada a la parrilla con
relleno de huevos y crema agria.
Eszterházy rostélyos (carne asada
a la Eszterházy): carne de vaca en
salsa de vino especiada y con cro-
quetas de patatas.

Postres
Derelye (empanadillas de compota): deliciosas empanadillas relle-
nas de compota de ciruela y con
pan rallado frito.
Máglyarakás (hogueras): hojaldre
con mermelada, semillas de amapola, pasas, y dorado con huevo.
Somlói galuska (bizcocho de Somlói): trozo de pastel con ron, pasas,
crema de chocolate y nata monta-
da. Son especialmente buenos los
que añaden nueces.

BARES, CERVECERÍAS Y BODEGAS
Pilsner Urquell ⸱⸱⸱⸱⸱⟩ Pág. 113, E 12
Esta cervecería está en un sótano
de la zona peatonal. Junto a la famosa cerveza Urquell, se sirven las
especialidades de la casa.
V., Váci utca 15; Telf. 3 18 38 14;
Metro: 3, Ferenciek tere (c 5);
a diario de 12 a 23 ●●●

Becsi Söröző ⸱⸱⸱⸱⸱⟩ Pág. 117, F 17
Esta cervecería (con restaurante) se
encuentra en el centro, al lado de la
capilla universitaria. Se puede co-
mer aquí un buen escalope vienés.
Otra especialidad: los embutidos.
V., Papnövelde utca 8; Telf. 2 67 02 25;
Metro: 3, Ferenciek tere (c 5);
Lu–Vi 11–22, Sa, Do 11–16 ●●

Bohémtanya Vendéglő
         ⸱⸱⸱⸱⸱⟩ Pág. 113, F 11
Su delicioso ambiente casero da la
buena fama a este local.
VI., Paulay Ede utca 6; Telf. 2 67 35 04;
Metro: 1, 2, 3, Deák tér (b 5);
a diario 12–23 ●●

Pilvax Söröző ⸱⸱⸱⸱⸱⟩ Pág. 113, F 12
Esta cervecería es un importante lugar histórico: fue el punto de encuentro de las juventudes revolu-
cionarias en la lucha por la libertad
de 1848. Se recomienda la sopa de
pescado, además de las distintas
clases de cervezas. Por la noche hay
música de clavecín.
V., Pilvax köz 1–3; Telf. 2 66 76 60;
Metro: 3, Ferenciek tere (c 5);
a diario 11–24 ●●

*El pimentón condimenta casi cada plato de la cocina húngara. El gulash húngaro es un
guiso de carne de vaca y cebollas con guarnición de patatas.*

El café Gerbeaud, del siglo XIX, es toda una institución en Budapest. Hoy en día mantiene intacto su encanto.

Rondella Borozó ····⟩ Pág. 113, E 12
En esta bodega decorada rústicamente, que después se convirtió en bar, hay poco espacio, pero la comida es muy buena y el vino también. Por las noches hay música zíngara. Quien lo desee puede pedir también un cocktail.
V., Régiposta utca 4; Telf. 4 83 08 29;
www.rondella.hu;
Metro: 1, Vörösmarty tér (c 4);
a diario 13–16 y 19–24 ●●

For Sale ····⟩ Pág. 117, F 17
Cervecería decorada de modo original con buena cocina. Gran variedad de cervezas, también Guinness de barril.
V., Vámház körút 2; Telf. 2 67 02 76;
Tranvía: 47, 49 (c 5) ; a diario 12–3 ●●

Angelika Espresso
····⟩ Pág. 112, C 10
La famosa pastelería está en la planta baja de la casa del párroco de Santa Ana. El local es bastante grande. Sin embargo, está dividido en varias salas y espacios que lo hacen adecuado para reuniones intimas.
I., Batthyány tér 7; Telf. 212 37 84;
Metro: 1, Batthyány tér (b 4);
a diario 10–22

Anna Espresso ····⟩ Pág. 113, E 12
Es la cafetería más visitada en la ciudad de Pest, donde reponerse del paseo por la ciudad y las compras con una maravillosa taza de café y un bocado.
V., Váci utca 7; Telf. 2 66 90 80; Metro:
1, Vörösmarty tér (c 4); a diario 8.30–24

Eckermann ····⟩ Pág. 113, F 11
Está en el edificio del Instituto Goethe de Budapest. Buen café y gran variedad de periódicos y revistas húngaras e internacionales.
VI., Andrássy út 24; Telf. 2 69 25 42;
Metro: 1, Opera (c 4);
Lu–Vi 8–22, Sa 9–22

Gellért Cukrászda ····⟩ Pág.117, E 17
La pastelería de la planta baja del hotel Gellért ofrece una variedad

sin igual de dulces. Con buen tiempo, se puede relajar en la terraza contemplando el paso de los barcos por el Danubio.
XI., Szent Gellért tér 1; Telf. 3 85 22 00;
Autobús: 7 (b 5); a diario 8–21

Gerbeaud ⸱⸱⸱⸱⟩ Pág. 113, E 12
Famosa pastelería de ambiente nostálgico en el corazón de la ciudad, donde se toma obligatoriamente café y un trozo de tarta.
Los deliciosos bocados que ofrece este establecimiento desde 1858 son por su calidad y variedad un referente en Budapest. Los salones con elementos rococó y modernistas mezclados han sido un punto de encuentro preferido.
V., Vörösmarty tér 7; Telf. 4 29 90 00;
Metro: 1, Vörösmarty tér (b 5);
a diario 9–21

Hauer Cukrászda ⸱⸱⸱⸱⟩ Pág. 114, A 16
Hace 110 años que ésta pastelería del centro lleva el nombre de su primer dueño. En el elegante interior, con notas contemporáneas, se ofrecen delicados pasteles. Especialidades: pastel de crema y mazapán horneado.
VIII., Rákóczi út 47/49; Telf. 3 23 14 76;
Metro: 2, Blaha Lujza tér (c 5);
a diario 10–21

Korona Cukrászda ⸱⸱⸱⟩ Pág. 112, C 11
La elegantemente decorada pastelería del barrio del castillo ofrece junto a los dulces también literatura. Varias noches a la semana se monta un pequeño escenario para actores y cantantes.
I., Dísz tér 16; Telf. 2 25 77 40;
Autobús: 16 (b 4); a diario 10–21
dependiendo del programa hasta 23

Művész Cukrászda ⸱⸱⸱⟩ Pág. 113, F 11
Este establecimiento frente a la Ópera está en el sitio preferido como punto de encuentro de todos los artistas.
VI., Andrássy út 29; Telf. 3 52 13 37;

Metro: 1, Opera (c 4); a diario 8–21

Ruszwurm Cukrászda
⸱⸱⸱⸱⟩ Pág. 112, C 11
Esta pastelería existe desde 1824 con la decoración actual. Tradicionalmente después de la misa del domingo reponían fuerzas jóvenes y mayores con deliciosos dulces.
I., Szentháromság tér 7;
Telf. 2 14 91 43; www.ruszwurm.hu;
Autobús: 16, Burgbus (b 4);
a diario 10–20

RESTAURANTES ●●●●
Alabárdos ⸱⸱⸱⟩ Pág. 112, B 11
En el histórico edificio del barrio del Castillo se puede comer con estilo. Con este fin, la decoración recuerda a una sala aristocrática, con una gran chimenea abierta, luz de velas y un atento servicio
I., Országház utca 2; Telf. 3 56 08 51;

Consejo ARCOIRIS
3 Restaurante Gundel
No hay nadie en Budapest que no se quite el sombrero al oir el nombre de Gundel. 200 años lleva la familia siendo el orgullo del gremio de cocineros de la capital, y Károly Gundel (1883–1956) llevó como un rey el sobrenombre de "el grande" El establecimiento de lujo no ofrece sólo comida y bebida, sino que hay una representación teatral cuando, con una ceremonia para cerrar un delicioso banquete, se flambea el jamón del Palacio Gundel. El Gundel fue renovado totalmente a principios de los años 90 y recibe a sus clientes otra vez con su antiguo esplendor. Uno de los mejores restaurantes en Europa, su cocina es mundialmente conocida.
XIV., Állatkerti út 2; Telf. 4 68 40 40;
Metro: 1, Széchenyi fürdő (c 3);
diariamente 12–16 y 19–24 ●●●●
CREDIT ⸱⸱⸱⟩ Pág. 110, C 8

Burgbus (b 4); a diario 19–23 ;
Do cerrado. ●●●● CREDIT

Százéves ····⟩ Pág. 113, E 12
El restaurante más antiguo de Pest.
El edificio y la decoración de este
restaurante están protegidos como
monumento. Las especialidades
son los platos de caza y de pesca-
do. El servicio es muy atento.
V., Pesti Barnabás utca 2;
Telf. 3 18 36 08; Metro: 3,
Ferenciek tere (c 5); a diario 12–24
●●●● CREDIT

RESTAURANTES ●●●
Búsuló Juhász ····⟩ Pág. 116, C 17
Situado en la colina de Gellért, con
un bonito panorama de la ciudad.
En verano los clientes pueden comer en el amplio jardín. Buena cocina húngara y también platos internacionales, por la noche música
zíngara.
XI., Kelenhegyi út 58; Telf. 2 09 16 49;
Autobús: 16; a diario 12–24 ●●● CREDIT

Kárpátia ····⟩ Pág. 113, E 12
Elegante restaurante del centro de
la ciudad, decorado con motivos
húngaros. Cocina excelente y algunos viejos platos húngaros. Por la
noche música zíngara.
Ferenciek tere 7–8; Telf. 3 17 35 96;
Metro: 3, Ferenciek tere (c 5);
a diario 11–23 ●●● CREDIT

Magyar Étterem ····⟩ Pág. 113, F 12
Un restaurante del centro de la ciu-
dad que ofrece buena cocina hún-
gara. La especialidad de la casa es
el pollo con pimentón húngaro.
V., Kecskeméti út 45; Telf. 3 17 40 50;
Metro: 1, Kálvin tér (c 5); a diario 11–1
●●● CREDIT

Margitkert Vendéglő
····⟩ Pág. 112, C 9
La casa de comidas está abierta
desde 1880. Por dentro y por fuera
recuerda al ambiente de viejos
tiempos. A las especialidades pertenecen los platos de carne a la brasa y antiguos platos húngaros que
en otros sitios ya se han olvidado.
II., Margit utca 15; Telf. 3 26 08 62;
Tranvía : 4, 6 (b 3); a diario 12–24
●●● AmEx MASTER VISA

El Ruszwurm es uno de los muchos locales de larga tradición.

En el restaurante Múzeum se cocina según las especiales preferencias de los clientes.

Mátyás Pince ····⟩ Pág. 113, E 12
El restaurante es conocido por sus buenos platos húngaros y por eso es visitado regularmente por grupos de turistas. Un conjunto zíngaro toca música por la noche.
V., Március 15 tér 7; Telf. 2 66 80 08;
Metro: 3, Ferenciek tere (c 5);
a diario 12–1 ●●● CREDIT

Múzeum ····⟩ Pág. 113, F 12
Uno de los mejores restaurantes de la ciudad. Platos a su gusto.
VIII., Múzeum körút 12; Telf. 2 67 03 75;
Metro: 3, Kálvin tér (c 5)
●●● MASTER VISA

Új Sípos Halászkert
····⟩ Pág. 109, D1
El más conocido y rico en tradición de los restaurantes de pescado de la capital en Óbuda. Aquí se cocina la sopa de pescado realmente bien. También es muy apreciada la carpa empanada.
III., Fő tér 6; Telf. 3 88 87 45; Autobús: 6 (b 2); a diario 12–24
●●● MASTER VISA

RESTAURANTES ●●
Aranyszarvas ····⟩ Pág. 113, D 12
Uno de los más conocidos restaurantes de caza de la ciudad, con gran variedad. Por las noches música vienesa.
I., Szarvas tér 1; Telf. 3 75 64 51;
Autobús: 86 (b 4); a diario 18–2
●● AmEx MASTER VISA

Café Kör ····⟩ Pág. 117, E 11
Pequeño y buen restaurante con muchos clientes locales. Todos los alimentos son frescos.
V., Sas utca 17; Telf. 3 11 00 53;
Metro: 3, Arany János utca (b 4);
Lu-Sa 10–22 ●● ▱

Fatál ····⟩ Pág. 117, E 17
Restaurante bodega con el ambiente de una taberna medieval. Grandes raciones servidas en calderos de hierro y en cuencos de madera. Son recomendables las sopas y especialidades a la brasa.
V., Váci utca 67 (entrada por la Pintér utca); Telf. 2 66 26 07; Metro: 3, Ferenciek tere (c 5); a diario 12–2
●● ▱

Fekete Holló ····⟩ Pág. 112, B 11
Cómodo y pequeño restaurante en el barrio del Castillo con buena comida casera. Por las noches música en vivo.
I., Országház utca 10; Telf.
3 56 23 67; Burgbus (b 4); a diario 12–23
●● DINERS MASTER VISA

Fészek Étterem ····⟩ Pág. 114, A 15
El punto de encuentro del mundo
del arte de Budapest. Su famosa
buena cocina ofrece una gran variedad de sabrosos platos. En verano tiene jardín.
VII., Kertész utca 36; Telf. 3 22 60 43;
Tranvía: 4, 6 (c 5); a diario 12–1
•• ▱

Hársfa ····⟩ Pág. 83, a 1
Un restaurante de verano en un jar-
dín de Buda, con mal tiempo tam-
bién se puede comer dentro. Espe-
cialidad: platos húngaros de caza.
Por la noche música zíngara.
II., Hűvösvölgyi út 132; Telf. 2 75 23 28;
Autobús: 56; Lu–Sa 12–24,
Do 12–16 •• ▱

Kispipa ····⟩ Pág. 114, A 15
Pequeño restaurante con comida
tradicional, rodeado de altos edificios. El chef cocina también platos
especiales a petición de los clientes.
VII., Akácfa utca 38; Telf. 3 42 25 87;
Metro: 2, Blaha Lujza tér (c 5);
Lu–Sa 12–1 •• AmEx MASTER VISA

Náncsi néni Vendéglője
····⟩ Pág. 112, noroeste A 10
Un buen local con jardín en Zugli-
get. El biznieto de la tía Nantschi co-
cina excelentes recetas de estilo
suabo.
II., Ördögárok utca 80;
Telf. 3 97 27 42;Tranvía: 56;
a diario 12–23
•• AmEx MASTER VISA

Régi Sipos Halászkert
····⟩ Pág. 112, C 3
Este restaurante es conocido por
sus buenos platos de pescado.
III., Lajos utca 46; Telf. 3 68 64 80;
Autobús: 86; a diario 12–24
•• DINERS MASTER VISA

Schuch és Schuch
Dunacorso Étterem
····⟩ Pág. 113, E 12
Restaurante en el punto más bello
del centro de la ciudad. Desde la terraza se tiene una vista maravillosa
de los montes de Buda. El cliente
puede elegir entre una amplia oferta de buenos platos.
V., Vigadó tér 3; Telf. 3 18 63 62;
Metro: 1, Vörösmarty tér (b 5);
a diario 12–24 •• CREDIT

Vasmacska Vendéglő és Söröző
····⟩ Pág. 109, D 1
Desde 1856 se reciben clientes en
este restaurante y en su cervecería.
Primero fueron los vendimiadores
de Óbuda y los marineros del cuartel de la esquina. Hoy clientes de
toda la ciudad degustan sus buenos
platos de pescado, pollo y carne de
vaca.
III., Laktanya utca 3–5; Telf. 2 50 22 88;
tren suburbano HÉV: Árpád-híd (b 2);
a diario 12–24 •• CREDIT

Vörös Postakocsi Étterem
····⟩ Pág. 117, F 17
Junto al restaurante de sólida ele-
gancia, hay una familiar cervecería
y bodega, dónde por las noches se
toca música zíngara.
IX., Ráday utca 15; Telf. 2 17 67 56;
Metro: 3, Kálvin tér (c 5);
a diario 11–24
Restaurante: •• AmEx MASTER VISA
Cervecería y bodega: •

RESTAURANTES •
Kerék ····⟩ Pág. 108, C 3
Pequeño restaurante con bonito
jardín, que aún hoy conserva el an-
tiguo ambiente de Óbuda. Comida
casera húngara muy diversa. Por las
noches se toca música en vivo.
III., Bécsi út 103; Telf. 2 50 42 61;
Autobús: 60; tgl. 12–24
• DINERS MASTER VISA

Próximas novedades

Con las Guías ARCOIRIS pasará días inolvidables

Allá donde hay libros,

hay una Guía ARCOIRIS

De compras

Ir de compras en Budapest es divertido: la oferta es muy amplia y los precios son relativamente bajos.

Fundado en el siglo XIX como un negocio familiar, Herend suministraba su porcelana fina como proveedor imperial y exportaba incluso a Méjico. Hoy se puede adquirir porcelana Herend de estilo modernista o con un diseño actual.

Una de las principales zonas comerciales de la ciudad es **Váci utca** y sus calles adyacentes. Allí se encuentran marcas famosas, como

por ejemplo Salamander, Estée Lauder, Reebok, Mark & Spencer, cuyos artículos, en general, son más baratos que en las filiales occidentales. Pero también hay tiendas de firmas de lujo húngaras, especialmente en el sector de la moda. Por eso no se debe dejar pasar en ningún caso las pequeñas tiendas, que están a menudo en las plazas o entradas, ya que aquí pueden encontrar cosas bonitas e interesantes de gran variedad.

La segunda zona comercial más importante está en la Gran Avenida. Desde el puente de Margarita hasta Rákóczi út hay de 1 a 2,5 km en los que casi cada casa es una tienda con portales más o menos acogedores y, en los patios interiores, boutiques con coloristas nombres de fantasía. Las tiendas en la Gran Avenida son comparables a las de Váci utca aunque algo más comerciales, así que (por suerte) los precios son más bajos. Aún más comercial, con aspecto de bazar del este, es la **Rákóczi út**: tiendas y boutiques muy juntas, la mayoría con algo menos de calidad. Sin embargo, el que tiene el olfato adecuado, puede encontrar verdaderas gangas.

Aparte de las tiendas de comestibles, la mayoría de los comercios están abiertos de Lunes a Miércoles y los Viernes de 10 a 18, los Jueves de 10 a 20 y los Sábados de 9 a 13. A veces, algunos pequeños negocios cierran al mediodía. La mayoría de las tiendas de comestibles están abiertas de Lunes a Viernes de 7 a 19 y los Sábados de 7 a 14.

Muchas tiendas de comestibles abren también los Domingos. Los comercios de flores y dulces abren de Lunes a Domingo de 9 a 18. En cada vez un número mayor de comercios se puede pagar con tarjetas de crédito como Visa, American Express, Bank of America, Carte Blanche, Diners Club, etc.

ANTIGÜEDADES

Se pueden comprar toda clase de antigüedades en los comercios especializados de la cadena de tiendas (BÁV).

BÁV ----} Pág. 113, E 12
Aquí se especializan en porcelana, objetos repujados en plata y antiguas obras de arte popular.
V., Ferenciek tere 3; Metro: 3,
Ferenciek tere (c 5)

BÁV ----} Pág. 113, F 12
El comercio de ésta clase más antiguo de la ciudad: se ofrecen baratijas, miniaturas y porcelana.
V., Kossuth Lajos utca 1–3; Metro: 2,
Astoria (c 5)

BÁV ----} Pág. 113, E 9
El más grande de Budapest: gran variedad de muebles de estilo, además de pinturas y alfombras.
V., Szent István körút 3; Tranvía: 6

FLORES

Interflora Hungária----}Pág. 112, A 12
La firma envía pedidos de flores a domicilio, también al extranjero.
XII., Böszörményi út 13–15;
Telf. 3 75 81 93, Fax 2 12 28 51;
Metro: 2, Déli pályaudvar (a 4)

SELLOS

R. F. R. Kft Profila Auktionen
----} Pág. 114, A 16
Compra y venta de sellos, colecciones y postales antiguas.
VIII., Szentkirályi utca 6; Autobús: 7

LIBROS

Könyvpalota ----} Pág. 113, F 12
Es el palacio del libro. Así llaman, y con razón, a esta nueva librería. Tiene dos plantas en las que se puede encontrar desde casi toda la literatura húngara (también en idiomas ex-

tranjeros) hasta guías de viaje. Tiene un pequeño espacio de recreo para los niños y un café-internet.
VII., Rákóczi út 12; Metro: 2, Blaha Lujza tér (c 5)

Központi Antikvárium
····> Pág. 113, F 12
Uno de los grandes anticuarios de Hungría dónde el coleccionista puede encontrar primeras ediciones, antiguas obras húngaras, literatura extranjera y antiguas estampas.
V., Múzeum körút 15; Metro: 2, Astoria (c 5)

Litea Könyvesbolt ····> Pág. 112, C 11
Librería bien surtida de literatura en idiomas extranjeros.
I., Hess András tér 4; Autobús: 16, Fortuna Passage (b 4)

Sós Antikvárium ····> Pág. 113, E 12
Libros antiguos en inglés, alemán, francés y húngaro, colecciones de postales, estampas y mapas.
V., Váci utca 73; www.sosantikvarium.hu; Metro: 3, Ferenciek tere (c 5)

REGALOS
BÁV Numismatik ····> Pág. 113, F 12
Se ocupa del negocio numismático de la cadena de tiendas BÁV. Ofrece desde 1947 monedas, dibujos y carteles. Se especializa en monedas conmemorativas del Banco Nacional Húngaro.
V., Károly körút 3/A; Metro: 2, Astoria (c 5)

Gobelin ····> Pág. 113, F 12
Realmente resultan raros los artículos de regalo y manteles bordados de Gobelin.
VII., Károly körút 21, Metro: 2, Astoria (c 5)

Magyar Borok Háza
····> Pág. 112, C 11
Gran variedad de vinos húngaros. Se pueden probar.
I., Szentháromság tér 6; Bergbus (b 4)

Szamos Marcipán ····> Pág. 113, E 12
Mazapán y bombones hechos a mano en un pequeño obrador.
V., Párisi utca 3; Metro: 3, Ferenciek tere (c 5)

CRISTAL, PORCELANA, CERÁMICA
Amfora ····> Pág. 113, F 12
El completo surtido de esta cadena de tiendas es muy variado. Hay varias sucursales en la ciudad, ésta es la más conocida.
V., Károly körút 22; Metro: 1, 2, 3, Deák tér (b 5)

Haas & Czyzek ····> Pág. 113, E 11
La firma más antigua de este sector en Hungría. Se ofrecen vajillas de diseño húngaro, porcelana china, cristal checo y objetos de cristal de marcas húngaras.
V., Bajcsy Zsilinszky út 23; Metro: 3, Arany János utca (b 4)

Herend
El comercio de la marca de porcelana Herend. Aquí pueden encontrarse valiosas vajillas de mesa mundialmente conocidas y gran variedad de bellas piezas únicas.
– V., József nádor tér 11;····>Pág.113,E 11
Metro: 1, Vörösmarty tér (b 5)
– V., Kígyó utca 5; ····> Pág. 113, E 12
Metro: 3, Ferenciek tere (c 5)
– I., Szentháromság utca 5; Burgbus
····> Pág. 112, C 11

Zsolnay
Algo más barata que Herend, pero no menos conocida, es la porcelana de Zsolnay, con forma y decoración en estilo secesión. Aún hoy los adornos Zsolnay están en muchos de los azulejos de edificios públicos, y no sólo en Budapest.
– V., Váci utca 19–21 ····> Pág. 113, E 12
Metro: 1, Vörösmarty tér (b 5)
– V., Kígyó utca 4 ····> Pág. 113, E 12
Metro: 3, Ferenciek tere (c 5)

GRANDES ALMACENES
C & A Mode ····> Pág. 113, E 12
Gran variedad de moda exclusiva

Interesante construcción de cemento y acero: el West End City Center de Budapest.

para señora, caballero y niño, bolsos y souvenirs.
V., Váci utca 16; Metro: 1,
Vörösmarty tér (b 5)

Corvin ····⟩ Pág. 114, A 16
El edificio de tres plantas pasado de moda cuenta con clientes de clase media, que desean comprar de todo en un mismo lugar. En la planta baja hay un gran supermercado.
VIII., Blaha Lujza tér 1–2; Metro: 2,
Blaha Lujza tér (c 5)

Duna Plaza ····⟩ Pág. 113, E 12
Centro comercial y de ocio. Hay cines, bolera, pista de patinaje sobre hielo y restaurantes.
XIII., Váci út 178; Metro: 3,
Gyöngyösi út (c 2)

Labirintus ····⟩ Pág. 113, E 12
Un centro comercial subterráneo con 23 boutiques en medio de la zona peatonal del centro de la ciudad.
V., Váci utca 11/B; Metro: 1,
Vörösmarty tér (b 5)

Mammut ····⟩ Pág. 112, A 9
En el lugar donde había un pequeño mercado se ha construido este centro comercial. Todo tipo de negocios, cines y también algunos restaurantes.
II., Lövőház utca 2–6; Metro: 2,
Moszkva tér (a 4)

MOM Park ····⟩ Pág. 112, A 12
En el nuevo gran centro comercial de la capital se encuentra todo lo que se desea. Aunque el punto fuerte es la moda, tanto para señoras como para caballeros. En este bonito palacio de cristal se puede pasar agradablemente el tiempo en cines y restaurantes después del ajetreo de las compras.
XII., Alkotás utca 53; Autobús 12 (a 5)

**Nyugati Center
(West End City Center)**
····⟩ Pág. 113, F 9
En este gran centro comercial y de ocio de la capital, en medio del barrio de la estación este, se puede comprar lo que se desee entre las

Consejo ARCOIRIS

⭐ Casa de subastas

Aunque su oferta no pueda competir con Sotheby's, también en estas subastas se pueden adquirir valiosas obras de arte. En el corazón de la ciudad dentro del antiguo palacio Klotild se encuentra la **Belvárosi Aukcióház** (**Casa de subastas**). Cada lunes a las 17h salen a subasta muebles, joyas y obras de arte. Para hacer una buena elección, de entre los objetos expuestos en la casa de subastas llévese el que tenga mejor aspecto.

Belvárosi Aukcióház, V., Váci utca 36;
Metro: 3, Ferenciek tere (c 5);
Lu–Vi 10–18, Sa, Do 10–16
⤳ Pág. 113, E 12

casi 400 tiendas que tiene. Cines, restaurantes, cafeterías y salas de juego ofrecen un agradable pasatiempo. Una fuente y dos grandes superficies pertenecen a esta parte de la ciudad, que es también de interés arquitectónico.
XIII., Váci út; Metro: 3,
Nyugati pu. (b 4)

MODA PARA NIÑOS Y JUGUETES
Pepi Gyermekdivat
⤳ Pág. 112, B 9
Aquí se puede vestir a los niños a la última moda.
II., Margit körút 36; Autobús 12 (b 5)

Poni
⤳ Pág. 113, F 10
Esta tienda con gran variedad de muñecas es también divertida e interesante para los adultos.
VI., Teréz körút 29; Metro: 1,
oktogon (c 4)

MERCADOS Y EL RASTRO
Los mercados están abiertos de Lu–Vi de 6–18h y Sa de 6–15h.

Rastro
⤳ Pág. 119, al Sur de F 24
En Budapest se conoce la superficie de 10.000 m² del rastro bajo el nombre de **Ecseri**. Muchos comerciantes tienen abierto sólo el fin de semana.
XIX., Nagykőrösi út 156 en la parte izquierda; Autobús: 154

Mercado Central
⤳ Pág. 117, F 17
Se construyó a finales del siglo XIX y fue maravillosamente renovado uniendo elementos neogóticos y modernos. Es imprescindible visitar también la planta de arriba.
XI., Vámház körút 1–3; Metro: 3,
Kálvin tér (c 5)

MODA
Clara-Liska
⤳ Pág. 113, E 12
Desde hace décadas Clara ofrece moda para señoras.
V., Váci utca 12; Metro: 1,
Vörösmarty tér (b 5)

Francesco Smalto
⤳ Pág. 113, E 12
Aquí hay de todo lo que un elegante caballero debe tener a la hora de vestirse.
V., Haris köz 6;
Metro: 3, Ferenciek tere (c 5)

Marianna
⤳ Pág. 113, E 12
En esta tienda se ofrece en pequeñas series el último grito de la moda.
V., Váci utca 1–3; Metro: 1
Vörösmarty tér (b 5)

Mister Férfi Divatház
⤳ Pág.117, E17
Elegantes trajes de caballero, camisas y accesorios de moda.
V., Irányi utca 1; Metro: 3,
Ferenciek tere (c 5)

Náray Tamás Boutique
⤳ Pág. 113, F 12
Elegante tienda con las colecciones más chic de los diseñadores húngaros.
V., Károlyi Mihály út 12; Metro: 3,
Ferenciek tere (c 5),
Metro: 3, Ferenciek tere (c 5)

transit ruha   ····⟩ Pág. 109, E 12
En esta tienda se puede vestir a la
moda sin gastar mucho dinero.
V., Deák tér 3; Metro: 1, 2, 3,
Deák tér (b 5)

Vass Cipőbolt   ····⟩ Pág. 113, E 12
Aquí se venden los famosos zapatos
de caballero hechos a mano y a me-
dida, si se desea, del fabricante de
Budapest László Vass. Al menos
ocho semanas dura la fabricación de
unos zapatos, dependiendo del trabajo que tengan.
V., Haris köz 2; Metro: 3,
Ferenciek tere (c 5)

DISCOS
Ferenc Liszt
tienda de música
   ····⟩ Pág. 113, F 11
El especialista en música húngara.
LPs, cassettes, CDs y partituras.
VI., Andrássy út 45; Metro: 1, Opera (c 4)

Hungaroton
tienda de discos   ····⟩ Pág. 113, E 11
Música comercial y clásica, discos de
jazz y pop, cassettes y CDs.
V., Vörösmarty tér; Metro: 1,
Vörösmarty tér (b 5)

Rózsavölgyi
tienda de música   ····⟩ Pág. 113, E 12
Antigua tienda de música. Tiene discos, cassettes y CDs de catálogo. Se
pueden pedir también a las casas de
discos.
V., Szervita tér 5: Metro: 1, 2, 3,
Deák tér (b 5)

Violin Musikstudio
   ····⟩Pág. 118, A 22
IX., Ferenc körút 19–21; Metro: 3,
Ferenc körút (c 5);
a diario (también Domingos) 9–24

JOYAS
Pless & Fox   ····⟩ Pág. 113, E 9
Joyas antiguas y modernas. Regularmente tienen lugar aquí subastas de
joyas.

*Un original regalo es un traje típico
húngaro*

V., Szent István körút 18; Tranvía: 6

Joyería Rubin   ····⟩ Pág. 113, E 12
Una tienda de la cadena BÁV, que
vende joyas antiguas.
V., Párisi utca 2; Metro: 3,
Ferenciek tere (c 5)

ARTESANÍA
Centro de artesanía popular
   ····⟩ Pág. 113, E 12
El más grande y mejor surtido
comercio de artesanía húngara, posee un perito que identifica las
falsificaciones. Usted puede estar
seguro de que aquí hay originales
entre los artículos de regalo
húngaros
V., Váci utca 58; Metro: 3,
Ferenciek tere (c 5); Lu–Vi 9.30–19,
Sa 9.30–17, Do 9.30–14

De noche

La ciudad del Danubio ofrece un ambiente musical lleno de vida, en especial en casas de la cultura y clubs de jazz.

Paseando de noche por Budapest la vista siempre se dirigirá hacia la iluminada cúpula del Parlamento, visible desde muy lejos.

Ningún folleto de turismo sobre la vida en la noche de Budapest pasaría por alto esta imagen: un zíngaro con el bonito chaleco del traje típico toca una canción en el oído de un cliente derretido por su arte. Esta clase de tipismo húngaro es sólo recomendable para aquellos a los que les guste realmente. Pero en la ciudad hay muchas otras posibilidades de ocio. Un consejo seguro son los teatros de Budapest y más aún las películas húngaras. Aunque desgraciadamente el idioma húngaro no es fácil, siempre quedan opciones como la música, la ópera, el ballet, la opereta y la pantomima. No hay que olvidar las distintas casas de la cultura, donde se practican los bailes populares húngaros. Y para la generación joven hay muchas discotecas, que no tienen nada que envidiar a las occidentales .

DISCOTECAS Y CLUBS

Además de las discotecas hay clubs de jazz con música en vivo, en los que se sienten a gusto los que son algo más mayores.

A38 ····⟩ Pág. 117, F 18
Anclado en el Danubio, este antiguo carguero soviético tiene en la cubierta un restaurante y un bar. En el casco se encuentra la sala de conciertos municipal (para bandas de rock y DJs).
XI., Petőfi híd budai hidfő; Tranvía 4 y 6 (c 6); Ma–Sa 11–4

Alcatraz ····⟩ Pág. 114, A 15
Con un interior simulando una cárcel americana, es un pub de música de blues y funky. Buena carta, diariamente conciertos en vivo.
VII., Nyár u. 1; Metro: 2, Astoria (c 5); Lu–Mi 16–2, Ju–Sa 16–4, Do cerrado

Café Incognito Café Mediterrán
····⟩ Pág. 114, A 15
En las noches de verano se llena la plaza Liszt-Ferenc, y entre otros locales se encuentran estos dos cafés. En la plaza se puede estar sentado cómodamente.
VI., Liszt Ferenc tér; Metro: 1, Oktogon (c 4)

Dokk Bistro ····⟩ Pág. 109, E 1
Uno de los mejores bares de música con restaurante de la isla Werft. Especialmente buenas y solicitadas son las fiestas de los Viernes por la noche.
III., Hajógyári sziget 112; tren HÉV: Árpád híd (b 2); Do/Lu cerrado.

E-Klub ····⟩ Pág. 119, F 22
Disco tecno en el bosque de la ciudad para fans de la música acid y house. Con jardín.
X., Könyves Kálmán körút (Népliget); Metro: 3, Népliget (d 6); Vi 21–5, Sa 17–5

Zöld Pardon
El mayor punto de encuentro para los jóvenes en el verano. Diariamente hasta las 22 hay conciertos al aire libre, después discoteca hasta la madrugada.
XII., Petőfi híd budai hidfő; Tranvía 6 (c 6); de finales de Abr a finales de Sep diariamente de 12–4

CASAS DE LA CULTURA
Especial atención merecen las representaciones de las llamadas danzas húngaras en las distintas casas de la cultura, normalmente bajo la dirección de maestros de la danza o simplemente hombres y mujeres a los que les entusiasma los bailes populares. No es sólo para húngaros, cualquiera que lo desee puede aprender algunos pasos y combinaciones de danzas. Estos bailes en grupo despiertan las antiguas tradiciones dándoles una nueva vida.

Aranytíz Művelődési Központ
Regularmente hay representaciones de danza, pero también hay tardes latinas y de salsa.
V., Arany János u. 10; Metro: 3, Arany János u. (b 4)

Centro de ocio Almássy tér
⸺⧽ Pág. 114, B 15
Durante el fin de semana tienen lugar fiestas populares con conciertos de los grupos más conocidos. Hay también baile para los niños.
VII., Almássy tér 6; Metro: 2,
Blaha Lujza tér (c 5)

Trafó Kortárs Művészetek Háza
⸺⧽ Pág. 118, A 22
Casa de la cultura del tipo de arte intermedio y teatro-danza. En el sótano hay un club alternativo con conciertos y noches amenizadas por DJs.
XI., Liliom u. 41; Metro: 3,
Ferenc körút (c 5)

ÓPERA, TEATRO Y CONCIERTO
Budapest tiene dos teatros de la ópera con un amplio repertorio fuera de serie. A menudo las representaciones y conciertos son prometedoras y por tanto para recrearse, porque actúan estrellas húngaras mundialmente conocidas: cantantes, directores, violinistas y pianistas como Endre Gertler, Éva Marton y Andrea Rost. De la opereta sólo comentar que Budapest fue la patria de Emmerich Kálmán y la ciudad donde su arte se desarrolló, . Merecen especial atención las funciones musicales del verano. La ópera y el teatro empiezan en general a las 19, los conciertos a las 19:30. Los programas individuales de cada función informan en dos idiomas (húngaro/inglés), también están los programas mensuales, en húngaro, los periódicos y los carteles.

Budapest Kongresszusi Központ
⸺⧽ Pág. 116, A 17
Entre otras actúan aquí grupos de danza nacionales y extranjeros, además de representaciones de musicales.
XII., Jagelló út 1–3 (al lado del hotel Novotel); Autobús: 12, 8

Fővárosi Operettszínház
⸺⧽ Pág. 113, F 10
Al repertorio del teatro de la ópera pertenecen "Princesa Csárdás" y "Condesa Maritza" de Emmerich Kálmán, así como "La alegre viuda" y "El país de la sonrisa" de Franz Lehár. Junto a los clásicos se escenifican también musicales y piezas modernas nacionales y extranjeras.
VI., Nagymező utca 17; Metro: 1; Opera (c 4)

Casa de Liszt
⸺⧽ Pág. 113, F 10
Franz Liszt llegó en 1875 a Budapest y fundó en su casa la Academia de Música Húngara. Aquí tienen lugar regularmente conciertos de cámara.
VI., Vörösmarty utca 35;
Metro: 1, Vörösmarty utca (c 4)

Madách Színház
⸺⧽ Pág. 114, A 15
El renombrado teatro de la prosa tiene en el programa desde hace una década el musical mundialmente conocido "Cats" de T. S. Eliot/Andrew Lloyd Webber (¡Budapest es donde primero se representó, después de Londres!).
VII., Erzsébet körút 31; Tranvía: 6

Magyar Állami Operaház
⸺⧽ Pág. 113, F 11
El edificio de la Ópera construido de 1875 a 1884 según el diseño de Miklós Ybl es una pieza espléndida de la arquitectura de la capital. Merece la pena visitarlo sólo por experimentar ese ambiente festivo, y más aún por la excelente calidad de las representaciones.
VI., Andrássy út 22; Metro: 1, Opera (c 4)

Margitszigeti Színpad
⸺⧽ Pág. 109, E 2
Cada año en verano tienen lugar funciones en escenarios al aire libre situados en la isla Margarita: óperas y actuaciones de danza principalmente, pero también orquestas y directores que gustan de experimentar con efectos de sonido.
XIII., Margitsziget; Autobús: 26

Millenáris Park ⤳ Pág. 112, A 10

El parque de atracciones se ha convertido durante los últimos años en un nuevo escenario para la música en directo en Budapest. Aquí actúan a menudo estrellas internacionales del jazz y de la música mundial, como Keith Jarrett o Rita Marley. También hay mucha música nacional húngara.

II., Fény utca 20–22; Metro: 2, Moszkva tér (a 4)

Művészetek Palotája (Palacio del Arte) ⤳ Pág. 118, B 24

Representativo palacio de la cultura en el Danubio que fue inaugurado en 2005. La sala de conciertos tiene una acústica magnífica. Hay conciertos de música clásica y también pop. Es la sede de la Orquesta Filarmónica Húngara.

XI., Komor Marcell sétány 1; tren HÉV a Csepel, Lágymányosi híd pesti hídfő (c 5)

Teatro Nacional ⤳ Pág. 118, B 24

Tras muchos debates se construyó este nuevo teatro sobre un terreno cerca del Danubio en el distrito IX de Pest y se inauguró en el 2002.

IX., Soroksári út-Vágóhíd utca esquina; Tren de Vágóhíd (c 6)

Vígadó (Redoute) ⤳ Pág. 113, E 12

Desde que este edificio, diseñado por Frigyes Feszl, está en la orilla del Danubio, su gran sala ha conocido grandes eventos musicales. El primero de ellos el concierto de inauguración en 1865 en el que participaron Franz Liszt y Johannes Brahms.

V., Vígadó tér, Metro: 1, Vörösmarty tér (b 5)

Zeneművészeti Főiskola
⤳ Pág. 114, A 15

La creación de la Academia de Música hay que agradecérsela a Franz Liszt. Aquí tienen lugar conciertos de fama internacional. La sala pequeña es muy apropiada para la música de cámara.

VI., Liszt Ferenc tér 30; Metro: 1, Oktogon (c 4)

Consejo ARCOIRIS

⑤ Casa de huéspedes Kéhli

En esta casita de una planta los huéspedes son recibidos como si no hubiera una ciudad llamada Budapest y este lugar todavía se llamase Óbuda. Desde 1828 el cliente que viene aquí tiene, junto a una buena comida, un ambiente agradable lleno de música festiva y animada conversación.

III., Mókus utca 22; Telf. 3 68 06 13; Autobús: 86; a diario 17–2
⤳ Pág. 109, D 1

CASINOS

Casino Las Vegas ⤳ Pág. 113, D 11
En el Hotel Hyatt.
V., Roosevelt tér 2, Tranvía: 2; diariamente 14–5

Casino Várkert ⤳ Pág. 113, D 12
Pequeño palacio a los pies de la colina del castillo con bonitas vistas al Danubio, construido por el arquitecto húngaro Miklós Ybl en estilo modernista.
I., Ybl Miklós tér 9; Autobús: 86; diariamente 14–5

MÚSICA ZÍNGARA

Los restaurantes, que son capillas de la música zíngara, comienzan por lo general sus actuaciones a partir de las 19h.

Búsuló Juhász ⤳ Pág. 117, D 18
Kelenhegyi út 58; Autobús 27

Citadella ⤳ Pág. 117, D 17
Citadella sétány; Autobús 27

Kulacs ⤳ Pág. 114, A 15
VII., Osvát utca 11; Metro 2, Astoria (c 5)

Fiestas y Eventos

A la gente de Budapest le gusta la fiesta, casi todos los meses hay alguna celebración, ¡acompáñelos!

Actualmente la carrera de la milla pasa por el puente de Las Cadenas construido en 1849.

En las fotos de las calles de la ciudad se puede distinguir, en la mayoría de los casos, el gran día en que los húngaros celebran su fiesta nacional, el 15 de Marzo, el aniversario de la revolución de 1848-1849 y la lucha por la libertad. Demuestran ese día exteriormente sus ganas de festejarlo y su sentido nacionalista: se colocan una escarapela con los colores nacionales o al menos una bandita encima de su traje con los colores rojo, blanco y verde.

El 1 de Mayo la gente ya no va (obligatoriamente) a una manifestación política. Aún así muchos ciudadanos de Budapest celebran la fiesta de mayo, sólo que ahora lo hacen con amigos y familiares, bebiendo una buena cerveza.

El 20 de Agosto, el aniversario del rey Esteban, se transforma la imagen de la ciudad con actos festivos y se adornan las iglesias católicas. El más conocido e importante de estos actos se celebra en la iglesia de San Esteban, para los de Budapest sencillamente la "Bazilika" En este acto es expuesta la reliquia nacional, la mano derecha del rey y santo Esteban, acompañada por la alta jerarquía eclesiástica.

Y aún más: el 5 de Diciembre el invierno de Budapest se llena de color y juguetes cuando San Nicolás, a través de muchos hombres vestidos con gorros y abrigos rojos y una barba blanca, deja a los niños pequeños regalos y dulces.

Febrero
Carnaval

Lo típico no son los divertidos disfraces, sino elegantes bailes. Cada grupo, que se lo pueda permitir, alquila una sala, la mayoría en hoteles y hasta en el Centro de Congresos. Los más populares son los bailes de suabos (húngaro-alemanes), de zíngaros, de periodistas, de juristas y de médicos.

Marzo
Festival de Primavera de Budapest

Tienen lugar los más grandes espectáculos artísticos del año con conciertos de solistas nacionales e internacionales y representaciones teatrales y de ópera.

Su creciente fama internacional atrae a Budapest las más grandes estrellas, especialmente en el campo de la música clásica.

Interart: Oficina de espectáculos del Centro de Festivales.

V., Vörösmarty tér 1;

Telf. 2 66 31 08, Fax 3 17 99 10;

Metro: 1, Vörösmarty tér

Conmemoración de las revoluciones burguesas y la lucha por la libertad de 1848-1849

La revolución, el momento más grande de la conciencia nacional húngara, consiguió la independencia del país (regido hasta entonces por los Habsburgo). Pero la libertad no duró mucho: los austríacos derrotaron a la revolución con ayuda del zar ruso.

Durante muchos años, este día no fue festivo para los que trabajaban, aunque si para los escolares. La juventud organizaba reuniones, marchas, visitas a monumentos y manifestaciones llevando escarapelas con los colores nacionales. Desde 1990 el 15 de Marzo es la fiesta nacional y no se trabaja.

15 de Marzo

Abril
Lunes de Pascua

Hombres de todas las edades "riegan" a mujeres de todas las edades, también a las muchachas, con agua de colonia para que el siguiente año conserven su belleza, según la tradición. A los hombres se les regalan huevos de Pascua pintados y otros pequeños obsequios. Naturalmente se alegra el evento también con melodías tradicionales.

Mayo

Día Internacional de la Fiesta del Trabajo

El 1 de Mayo durante décadas tenía lugar una manifestación que duraba de dos a tres horas y pasaba frente a las personalidades del Partido del Estado y del Gobierno. Desde el 1 de Mayo 1990 se han suprimido estos honores, aunque queda la Fiesta del Trabajo que se celebra en parques y en el bosquecillo de la ciudad junto a las fiestas de Mayo.

La Feria Internacional de Primavera de Budapest (Feria Monográfica de Bienes de Equipo de la Industria)

La mayor exposición del año en el recinto ferial a la que cada vez viajan más empresas del mundo para mostrar su productos, en especial los bienes de equipo

Budapesti Nemzetközi Vásár Központ, Hungexpo Vásár és Reklám Rt. X., Albertirsai út 10; Telf. 2 63 60 00
Autobús: 95

Junio

Semana del Libro

En 2004 la Semana del Libro celebró su 75 aniversario. El Centro de Espectáculos se monta cada año en Szent István tér frente a Szent István Plébánia (Parroquia de San Esteban). En Vörösmarty tér está al mismo tiempo la Feria de Libros Infantiles.
Primeros de Junio

Fiesta de Budapest

Desde la salida de las tropas soviéticas (19 de Junio de 1991) se ha convertido en una fiesta popular, que tiene lugar el tercer fin de semana de Junio.

Fiesta de la Música

Siguiendo el ejemplo francés desde 1997 también se celebra en las calles de Budapest esta fiesta.
El primer día de verano habrá muchos escenarios al aire libre en la ciudad. En parques y grandes plazas de la ciudad tocan bandas de música rock, alternativa y jazz. Todos los conciertos son gratis.
21 de Junio

Julio

Temporada de los escenarios al aire libre.

En muchos lugares hay conciertos, representaciones de ópera, musicales y operetas o conciertos de rock. Los más conocidos son los programados en el escenario al aire libre de la isla Margarita situado bajo los árboles centenarios.

Agosto

Fiesta Nacional

El 20 de Agosto se celebra la fiesta del rey Esteban el Santo y la fiesta del pan nuevo. Hasta 1989 se celebraba también el 20 de Agosto el día de la Constitución de la República Popular. Debido a que la Constitución de 1989 se modificó, se suprimió esta parte de la fiesta. Ha permanecido el uso por las noches de la montaña de Gellért para los fuegos artificiales.

Festival judío de verano.

Cada año a finales de Agosto/principios de Septiembre tiene lugar en Budapest el Festival **judío de verano**, con diversos actos culturales: conciertos de música clásica, películas, exposiciones, presentaciones de libros, música judía, operetas y teatro.
www.jewishfestival.hu

Festival Sziget

Una semana en Agosto cientos de miles de húngaros y extranjeros asisten al mayor festival de rock de Europa Central. Desde hace diez años una de las islas del Danubio (Hajógyárisziget) pertenece a todo aquel que busque música y diversión. Bandas mundialmente conocidas tocan en distintos escenarios. La oferta crece de año en año y junto a jóvenes también se desplazan a la isla gente más mayor. Muchos duermen en tiendas de campaña todo el tiempo que dura el "Sziget"

Feria Internacional de Otoño de Budapest

La mayoría de los fabricantes nacionales exhiben sus bienes de consumo.

Hungexpo Vásár és Reklám Rt., X., Albertirsai út 10; Telf. 2 63 60 00; Autobús: 95

XV Festival Internacional del vino y cava de Budapest

El mayor evento vitivinícola del país. Más de 170 productores húngaros y extranjeros muestran sus productos, la presentación tiene lugar dentro del marco de un colorido programa. Entre otros se elige al caballero del vino y al del cava.

6–10 Septiembre de 2006

Octubre
Fiesta Nacional

Fiesta que recuerda el levantamiento y la revolución de 1956.

23 de Octubre

Festival de Otoño de Budapest

Es el equivalente al Festival de Primavera, aunque con menor dimensión. Hay conciertos, teatro, ballet y películas así como exposiciones.

Mes de los Museos

Los museos de Budapest muestran todos nuevas exposiciones, presentan especiales tesoros artísticos e informan sobre los avances de las nuevas investigaciones.

Noviembre
Todos Los Santos

Lo cierto es que Todos Los Santos es un día de fiesta católico, pero en las últimas décadas también los no católicos empiezan a considerarlo como el día de los difuntos.

1 de Noviembre

Diciembre
Navidad

Ambos días de Navidad no se trabaja (25 y 26 Dic). Durante las semanas anteriores reina el trabajo duro. El

Bailarina con traje típico. Son famosos los grupos de folklore húngaro, que no pueden faltar en las fiestas.

tercer y cuarto domingo de adviento todos los negocios están abiertos hasta las 18h.

Fin de año

Todas las celebraciones gastronómicas tienen, en muchos locales, un programa lleno de arte y humor. Después de la media noche miles de personas disfrazadas celebran ruidosamente la llegada del nuevo año en la Nagykörút (Gran Avenida) y en Rákóczi út entlang.

31 de Diciembre

Consejos para familias con niños

Hoy marionetas, mañana el Palacio de las Maravillas.
Para los niños Budapest también es una aventura

Un grupo de niños lo pasan en grande en el bosquecillo delante del Palacio de Vajdahunyad.

Hay muchos **parques en toda la ciudad donde pueden jugar** los niños pequeños, seguro que también cerca de su hotel. Especialmente bonitos son los parques del bosquecillo de la isla Margarita y de la colina de Gellért. Para algo más educativo, a la par que divertido, lo adecuado puede ser visitar un museo. Especialmente interesante es el Museo Histórico de la Guerra (→ Pág. 64) y el Museo de Transportes (→ Pág. 65). Naturalmente, también están los lugares tradicionales para llevar a los niños: el Zoológico, el circo, el parque de atracciones, todos juntos en un lugar cerca de Városliget (el bosquecillo de la ciudad). El llamado pequeño parque de atracciones es especialmente adecuado para niños de tres a cinco años. El gran parque de atracciones espera a niños mayores, jóvenes, y también a adultos. En la estación fría del año también es adecuado para los niños el teatro de marionetas **de Budapest. Otra visita que seguro les encantará es el Planetario** y su teatro con láser.

Állatkert/Zoológico
⸱⸱⸱⸥ Pág. 110, B 8
→ Pág. 49

Budapest Bábszinház (Teatro de marionetas de Budapest)
⸱⸱⸱⸥ Pág. 114, A 14
Este teatro de marionetas tiene un gran reconocimiento nacional y ofrece un amplio programa para niños y adultos, algo fuera de lo normal. Toda la información se encuentra en el programa mensual "Programa en húngaro", también por teléfono.
VI., Andrássy út 69; Telf. 3 21 52 00; Metro: 1, Vörösmarty utca (c 4)

Főrárosi Nagycirkusz (Circo)
⸱⸱⸱⸥ Pág. 109, C 8
La mayoría de las representaciones comienzan a las 10, 15 y 19 (Información en "Programa en húngaro").

XIV., Állatkerti út 7; Telf. 3 43 96 30; Metro: 1, Széchenyi fürdő (c 3)

Isla Margarita
⸱⸱⸱⸥ Pág. 109, D/E 2–4
Hay varios pequeños parques para jugar en la isla, los más bonitos se encuentran en la parte norte, al lado de los hoteles.
Autobús: 26

Parque Millenáris ⸱⸱⸱⸥ Pág. 112, A10
El nuevo Centro al aire libre de Buda es el mejor lugar para los niños. Allí está la exposición "la Casa del Futuro" (Jövő Háza). En el Palacio de las Maravillas (Csodák Palotája) pueden probar muchos experimentos. Para los más pequeños hay en el jardín un parque con juegos de madera y columpios.
II., Fény utca 20–22; Metro: 2, Moszkva ter (a 4)

Planetario ⸱⸱⸱⸥ Pág. 119, E 23
Se presentan aquí todo de tipo de maravillas de la naturaleza explicadas para los niños y con acompañamiento musical. Además, hay regularmente representaciones en el teatro-láser, que une a la música pop composiciones de luz que le encantarán. Cuando estén hartos de la técnica, los niños pueden caminar un poco por el bosquecillo (Népliget) donde está el Planetario.
X., Népliget; Telf. 2 65 07 25; Metro: 3, Népliget (d 6); Lu–Vi 9–16

Városliget ⸱⸱⸱⸥ Pág. 110, C 8
En el rincón sudoeste del bosquecillo de la ciudad hay más parques con columpios. En el Circo se representa cada mes un nuevo programa.
Metro: 1, Hősök tere (c 3)

Parque Vidám ⸱⸱⸱⸥ Pág. 110, C 8
El parque de atracciones en el bosquecillo de la ciudad (Városliget) tiene una montaña rusa de madera, carruseles nostálgicos y una noria.
Metro: 1, Hősök tere (c 3); 1 Oct–1 Abr parcialmente cerrado.

De paseo por Budapest

El palacio real, situado sobre el Danubio, era considerado en el siglo XVI una de las residencias más bonitas de Europa. El actual palacio neobarroco fue edificado en 1890 y reconstruido en 1950 tras los destrozos de la II Guerra Mundial.

¿Por qué no empezar el día con una cita?
"Budapest es la expresión de la flexibilidad del
espíritu, capacidad vital, eterna juventud."
Imre Kertész, escritor y Premio Nobel

Lugares de interés

Budapest ha sido siempre una ciudad con muchas caras distintas.

Los baños Széchenyi tienen las instalaciones termales más grandes de Europa. Sus fuentes calientes poseen un efecto curativo.

En las siguientes páginas encontrará también, junto a lugares de interés clásicas, consejos sobre los lugares que necesariamente tienen que estar en su visita a la ciudad. Por ello se deben unir el especial carácter de la ciudad del Danubio y los diferentes intereses del visitante. Algunos visitantes estarían horas contemplando la majestuosa corriente y escuchando una canción conocida como "azul", dedicada al Danubio. La fantasía de otros se estimula con el anfiteatro romano en **Óbuda**, que recuerda al coliseo de Roma con sus luchas de gladiadores y animales que servían de conversación a los legionarios. Algunos turistas se deciden por el renovado barrio del Castillo de Buda de la época medieval. Otros se sienten atraídos por los baños de Király como si fueran pachás turcos. Hay visitantes incansables que recorren cada iglesia con la guía en la mano comprobando cada columna, arco y monumento. A mí personalmente me gusta ver las "caras" de los barrios, como por ejemplo la de la antigua ciudad **Isabel**, que no tiene ningún monumento artístico y está en el distrito VII, con un carácter muy urbano. Para hacer la elección adecuada debe usted decidir según su experiencia y los nuevos conocimientos que quiera adquirir.

Állat-és Növénykert (Zoo y Jardín Botánico) 🐾 ⤳ Pág. 110, B 8

Inaugurado en 1866 el Zoo tiene 6 hectáreas del bosquecillo de la ciudad, posee 5.000 animales de 500 especies distintas. Con las plantas la variedad es aún mayor, aquí se encuentran ejemplares de un total de 1.500 especies de plantas. La casa del búfalo, la de los pájaros, la de los faisanes, la de los monos y la de los roedores (Constructor Károly Kós) son bonitos ejemplos de arquitectura tradicional, sobre todo las funcionales construcciones de madera y piedra. El jardín japonés fue diseñado según la tradición y los antiguos patrones japoneses; el palmeral se compone de una colección de plantas tropicales y un acuario.

XIV., Állatkerti körút 6–12; Metro: 1, Széchenyi fürdő (c 3);
Nov–Feb a diario 9–16,
Mar–Oct a diario 9–17:30;
Entrada 900–1.300 Fl

Batthyány tér (Plaza Batthyány) ⤳ Pág. 112, C 10

La plaza situada entre el barrio del Castillo y el Danubio es el centro de la "Ciudad del agua". El monumento más importante, la iglesia de **Santa Ana con su torre de** 55 m de alto en la parte sur de la plaza, es un bonito ejemplo de la arquitectura barroca húngara. La casa rococó de una sola planta de la parte oeste de la plaza es la unión de dos edificios, lo que fue el hotel "La Cruz Blanca". La casa de al lado, construida en estilo rococó, tiene el nombre de su antiguo dueño, Hikisch. En la parte norte de la plaza se encuentra el antiguo convento franciscano del siglo XIX. Delante está el monumento al autor del himno nacional húngaro, el poeta Ferenc Kölcsey. En la parte del Danubio la plaza tiene una estación de metro y la estación final del tren suburbano HÉV dirección Aquincum y Szentendre.

Metro: 2, Batthyány tér (b 4)

Belvárosi Plébánia (Iglesia parroquial del centro) ⤳ Pág. 113, E 12

La iglesia es un monumento a los pies de la entrada del puente Isabel a Pest, que sigue el estilo arquitectónico europeo del siglo XIX. Sus cimientos proceden del siglo XI; la torre sur tiene huellas del románico. La catedral de tres naves en estilo gótico fue consagrada en el siglo XIV. Su forma final con elementos de estilo barroco se mantuvieron tras su reconstruc-

Escenario barroco con el mítico pájaro Turul en la entrada del Palacio del Castillo.

ción en los años 1727 al 1739.
En el interior se encuentra un recinto musulmán, que recuerda los tiempos en que fue mezquita. El cuadro del altar, una obra de Pál C. Molnár, procede de los años 40 del último siglo; la nueva pila bautismal, creación del escultor Béni Ferenczy, fue colocada en 1955.
V., Március 15. tér; Metro: 3, Ferenciek tere (c 5)

Budavári palota
(Palacio Real)

⸱⸱⸱⸳ Pág. 112, C 12
La construcción del Palacio Real comenzó en el siglo XIII. Para que fuera una obra clásica del Renacimiento italiano, el rey Matías (1443–1490) trajo varios arquitectos de Florencia. Después de la liberación del dominio turco (1686) sólo quedaron las ruinas del Palacio . A mediados del siglo XVIII se levantó la parte sur con sus 203 salones. En 1890 se comenzó la construcción de la gran ala de 304 m de estilo neobarroco que tiene una hermosa vista al Danubio. Tras la Segunda Guerra Mundial, quedó de nuevo reducido a ruinas. En

3

1950 se comenzó la reconstrucción bajo los planos del arquitecto István Janáky y vieron la luz valiosos hallazgos arqueológicos. En vez de la antigua cúpula barroca se dotó al edificio de una de estilo clásico. Hoy el complejo aloja museos, una galería y una biblioteca.
I., Szent György tér;
Autobús del Castillo y funicular.

Contra Aquincum
⸱⸱⸱⸳ Pág. 113, E 12
Este museo al aire libre lo forman los restos de un campamento romano. Aquí se perdía la frontera este del Imperio Romano y al otro lado del Danubio estaba el territorio que formaba parte de la provincia de Pannonia, con su centro localizado en **Aquincum**. La estratégica cabeza de puente Contra Aquincum es una fortaleza de 84 x 86 m, que fue levantada a finales del siglo III. Los muros originales que aún se conservan llegan a tener hasta 3 m de ancho. Las figuras de la fuente de István Tarr, en el barrio cercano, representan guerreros romanos.
V., Március 15. tér; Metro: 3, Ferenciek tere (c 5)

Dohány utcai Zsinagóga
(Sinagoga de Dohány utca)

···⟩ Pág. 113, F 12

Con su capacidad para 3.000 personas esta sinagoga fue construida de 1854 a 1859 en estilo bizantino-morisco por Lajos Förster, el templo más grande de Europa en este tipo de arte. La fachada está adornada con cenefas rojas y blancas, sobre el arco de la puerta principal se encuentra una rosetón y encima se levantan dos cúpulas con forma de cebolla que coronan las torres. Durante los años 1929 a 1931 se hizo un ala lateral adicional. La sinagoga tiene un cementerio que se ha convertido en jardín.

VII. Dohány ut 2–8; Metro 2,Astoria (c 5)

Dunakorzó
(Paseo del Danubio)

···⟩ Pág. 113, E 12

Esta parte de Pest, en la orilla del Danubio, entre el puente de Las Cadenas y el de Isabel fue, hasta 1945, el escenario de los paseos de la aristocracia. Los hoteles, los cafés y otros edificios fueron reducidos a cenizas durante los últimos meses de la Segunda Guerra Mundial. Tras la posguerra y hasta el año 1979 se reconstruyeron los hoteles y el paseo, hoy deambula por él un público más diverso.

Tranvía: 2

El palacio del castillo

0   300 m

1 Museo de Arte Contemporáneo-Museo Ludwig
2, 3, 4 Galería Nacional Húngara
5 Príncipe Eugen
6 Fuente de Matías
7 Puerta norte de la muralla
8 Biblioteca Nacional
9 Museo Histórico de Budapest
10 Puerta sur de la muralla

11 Patio de armas
12 Torre de Esteban
13 Sala gótica
14 Plaza de Beatriz
15 Plaza sur del palacio
16 Puerta de Fernando
17 Torre del homenaje
18 "Torre de descanso"
19 Camino de ronda sur
20 Mausoleo turco

Turul

Szent György tér

© MERIAN-Kartographie

Egyetemi Botanikus Kert (Jardín Botánico de la Universidad)   ⋯⋙ Pág. 118, C 21

Una de las escenas finales de la muchas veces filmada novela "Los muchachos de la calle de Pál" de Ferenc Molnár sucede en este jardín. En este área de 3,5 ha de superficie se pueden encontrar más de 6.000 plantas.

VIII., Illés utca 25; 1 Abr–31 Oct a diario 9–17 ; Metro: 3, Klinikák (c 5)

Egyetemi Templom (Iglesia de la Universidad)   ⋯⋙ Pág. 117, F 17

La iglesia se levanto entre los años 1722 a 1742 según el diseño de Andreas Mayerhoffer para los monjes paulinos, la única Orden que fue fundada en Hungría. La puerta de entrada principal cuya madera está tallada ricamente, pero sobre todo el púlpito de madera de tilo, son grandes creaciones del arte barroco en Hungría.

La iglesia tiene una sóla nave con capillas laterales. Los frescos del techo son obra de Johann Bergl del año 1776, con escenas de la vida de la Virgen María. El cuadro sobre el altar escopia de la obra "La Virgen negra de Tschenstochau" (Polonia), es de 1720.

V., Papnövelde utca 7; Autobús: 15

Erzsébet híd (Puente de Isabel)   ⋯⋙ Pág. 113, E 12

Es el puente más majestuoso de Budapest. El anterior, de finales de siglo, cruzaba el Danubio apoyado sobre dos pilares. Hasta 1926 tuvo el récord del mundo por su anchura con 290 m. Fue llamado así por la esposa del Emperador Francisco José, Isabel, asesinada en Ginebra en 1898. Las tropas alemanas volaron el puente en su retirada. Sobre los antiguos pilares se construyó un nuevo puente atirantado en 1964.

Erzsébet emlékmű (Monumento de Sta. Isabel)   ⋯⋙ Pág. 119, al sur F 24

En medio del distrito XX, delante de la Iglesia de Pesterzsébeter fue levantado el monumento a la alemano-húngara Santa Isabel por iniciativa de la minoría alemana en 1997.

El estilizado rosario recuerda el milagro de la legendaria hija del rey.

XX., Szent Erzsébet tér; Autobús: 23

Erzsébet szobor (Estatua de Isabel)   ⋯⋙ Pág. 113, D 12

La emperatriz Isabel simpatizó con los húngaros y también ellos con "Sisí", y lo demuestra la estatua de György Zala. Fue levantada en 1932 casi una década y media después del final de la doble monarquía. Anteriormente el monumento se encontraba a la salida del puente de Pest pero hubo que trasladarla al encontrar las ruinas de Contra Aquincum. Este cambio iba muy bien con el concepto antihabsburgo de los socialistas y por ello la estatua fue retirada de su lugar. En 1984 encontró la escultura un maravilloso emplazamiento en el pequeño parque de Buda que hay a la salida del puente de Isabel.

Autobús: 7

Ferenciek tere (Plaza de los Franciscanos)   ⋯⋙ Pág. 113, E 12

La Ferenciek tere, plaza de tráfico fluido en la parte sur, es una de las más bonitas de la ciudad. Las dos torres de los Palacios Clotilde y Matilde fueron construidas en 1902 al mismo tiempo que el puente de Isabel en estilo eclecticista. En la parte norte de la Plaza se encuentra la Párizsi udvar (Plaza de París), en forma de "Y", con elegantes comercios y boutiques. La iglesia franciscana domina la parte oeste.

Las estatuas de San Pedro de Alcántara, San Francisco y San Antonio, así como el escudo de la orden Franciscana están en el frente de la Ferenciek tere.

El muro lateral en Kossuth Lajos utca tiene un relieve en bronce en honor a Miklós Baron Wesselényi, que durante la gran inundación de Pest de 1823 salvó a muchas personas de morir ahogadas.

Metro: 3, Ferenciek tere (c 5)

Fő tér (Plaza Mayor)
⸱⸱⸱⸱⸳ Pág. 109, D 1

La Fő tér es el centro de **Óbuda**, el distrito más antiguo de la ciudad. Esta parte de Óbuda con sus múltiples pequeños hoteles familiares y con la forma de vida a la antigua extendida hasta los años 60, tenía un ambiente de pequeña pequeña ciudad. Fue entonces cuando se empezaron a derribar estas casas, y en su lugar se levantaron horribles torres de cemento, dejando un barrio sin carácter. Por suerte quedaron unas pocas cerca de la plaza con su antigua forma. Su edificio más bonito es el **Zichy-Kastély,** el palacio barroco Zichy, construido a mediados del s. XVIII. Es un edificio de una planta, con una escalera ricamente decorada. Hoy alberga un centro cultural en recuerdo de Lajos Kassák, el maestro de la literatura húngara de vanguardia, así como exposiciones temporales. El edificio de al lado, la reconstruida cuadra del Palacio, alberga hoy el museo **Vasarely**.

III. Fő tér 3; tren suburbano HÉV: Árpád-híd (b 2)

Gellért fürdő (Balneario Gellért)
⸱⸱⸱⸱⸳ Pág. 117, E 18

Las fuentes de la colina de Gellért, y sus efectos curativos, son conocidos desde hace casi 1.000 años. Ya en el siglo XIII había una casa de baños, y los turcos construyeron una en el siglo XVI. Su forma actual corresponde a este siglo. Los decorados salones principal y adyacentes a la piscina corresponden a 1918 bajo el modernismo tardío. Las instalaciones tienen completos equipos de balneario, fisioterapia y electroterapia así como uno de los más elegantes hoteles de Budapest. (→ Pág. 16).

XI., Gellért tér 1; Autobús: 7; Telf. 4 66 61 66; 2. Oct–30. Abr Lu–Vi 6–19, Sa–Do 6–17, 1 May–1 Oct Lu–Do 6–19; Entrada 3.000 Fl

Los placeres soñados le esperan en los baños de Gellért, los más bellos de la ciudad, construidos en estilo modernista.

Servicios

Piscinas, masaje bajo el agua, electroterapia, masaje y gimnasia terapéuticos, inhalaciones, solarium, tratamiento con gas carbónico, pedicura.

Gellérthegy ····⟩ Pág. 117, D/E 17

Estas rocas de 130 m de alto parece que quieran caer al Danubio. Sobre ellas se levanta la estatua de la libertad de Zsigmond Kisfaludy Stróbl. Justo al lado está la ciudadela, que construyó el Imperio de los Habsburgo después de derrotar a los húngaros en 1848-1849, para mantener a raya a los rebeldes de Pest. Los gruesos muros de las rocas en vez de cañones y pólvora albergan hoy una bodega, un restaurante panorámico y un hotel. Debajo del monumento se hizo un parque en 1967. En la falda oeste de la colina de Gellért se pueden ver villas imponentes.

El puente de Isabel nos lleva a la escultura de San Gerardo (en húngaro Gellért) hecha en 1904 por Gyula Jankovits, y llamada como la colina. Según la leyenda, en 1046 el obispo de procedencia italiana Gerardo fue arrojado al Danubio por la población pagana, en esta parte de la colina, metido en un barril con clavos .

Autobús: 7

Halászbástya
(Bastión de los Pescadores)

····⟩ Pág. 112, C 10

Se ha convertido en una tradición que el visitante de Budapest empiece a conocer la ciudad desde este Bastión. Sin duda desde aquí se tiene la vista más bonita de la ciudad: la orilla del Danubio de Pest y el centro de la ciudad situado detrás, la isla Margarita, Óbuda, el barrio del Castillo, los asentamientos del sur de Buda y hasta la isla Csepel. Se puede ver incluso una parte de las colinas de Buda.

El bastión de los pescadores fue construido entre 1899 y 1905 por Frigyes Schulek en estilo neorrománico y tuvo en algún momento una función de protección. Su nombre proviene de que más tarde una parte del muro de la ciudad medieval que pasa por aquí se entrego al gremio de los pescadores y se situó muy cerca el mercado de pescado.

I., Szentháromság tér; Burgbus

Hősök tere (Plaza de los Héroes)

····⟩ Pág. 114, B 13

La columna de la victoria de 36 m de alto, situada en el centro de la plaza, fue levantada en 1896 para conmemorar los mil años de "Hungría" como nombre del país. Está rodeada de estatuas de jinetes: una de Árpád y seis más de otros príncipes magiares.

En el semicírculo que forman los arcos de la Plaza se encuentran las estatuas de 14 gobernantes y otras personalidades de la Historia húngara. A los pies de cada uno se puede ver un relieve con una escena histórica. Delante de la columna de la victoria está el monumento al soldado desconocido.

Metro: 1, Hősök tere (c 3)

Károlyi Mihály szobra
(Estatua de Mihály-Károlyi)

····⟩ Pág. 113, D 10

La escultura de 1975 perteneciente al escultor Imre Varga personifica a Mihály Károlyis (1875-1955), de gran moral política. Károlyi perteneció a una de las grandes familias nobles del país, tuvo el título de conde y fue presidente de la Primera República Húngara en 1918. Después de la revolución comunista de 1919 se exilió y regresó en 1946. Como rechazó los métodos estalinistas, y especialmente los juicios de los comunistas en el poder, solicitó en 1949 asilo político en Francia, donde murió en 1955.

Para celebrar el milenio de la constitución de Hungría, en 1896 se construyó en Budapest algo de lo que no había ningún otro ejemplo en la Europa de entonces:: La plaza de los Héroes con el monumento al milenio.

La escultura muestra al anciano Károlyi; la composición tiene detrás dos mitades de un arco gótico partido que le dan un esplendor y un valor simbólico adicional.
V., Kossuth Lajos tér (A la derecha del edificio del Parlamento)

Király fürdő (Baños de Király)
⸱⸱⸱⸱> Pág. 112, C 9

La cúpula del edificio es especialmente bonita y típicamente turca, se construyó en 1565 por Arslan, Pachá de Buda. El agua tiene álcali, flúor, calcio, magnesio, carbonato de hidrógeno, cloro y sulfato y es especialmente aconsejable para la inflamación de las articulaciones.
II., Fő utca 84; Autobús: 86;
para mujeres Ma, Ju, 6.30–19, Sa 6.30–13,
para hombres Lu, Mi, Vi 9–21 ,
Do cerrado; Entrada 1.100 Florines
Servicios
Baños termales en bañera y piscina, sauna, masajes, masaje dentro del agua, pedicura, gimnasio.

Kis Földalatti (Pequeño Metro)🚶🚶

Budapest posee un moderno y cómodo Metro. Las líneas 2 y 3, que pasan por el corazón de la ciudad de Budapest, pertenecen al llamado pequeño Metro, al igual que la línea 1, que funciona desde 1896. Budapest tuvo, después de Londres, el segundo metro de Europa. Los antiguos vagones del pequeño Metro están en una exposición permanente en un paso subterráneo de la estación de Deák tér.
Estación término en el centro de la ciudad: Vörösmarty tér (b 5)

Kossuth Lajos emlékmű
(Monumento a Lajos-Kossuth)
⸱⸱⸱⸱> Pág. 113, D 10

La estatua de Lajos Kossuths (1802–1894), el gran hombre de estado húngaro, revolucionario y dirigente de la lucha por la liber tad de 1848-49, es una obra del escultor Zsigmond Kisfaludy Stróbl. Fue erigida en 1952 para celebrar el 150 aniversario del nacimiento de Kossuths. Las esculturas de al lado son obra de András Kocsis y

La iglesia de Matías tiene como curiosidad especial una Virgen barroca.

Lajos Ungvári.
V., Kossuth Lajos tér; Metro: 2,
Kossuth tér (b 4)

Központi Városháza (Ayuntamiento de la ciudad)
·····⟩ Pág. 113, E 12

Anteriormente este edificio fue el hogar de los inválidos de la guerra turca y fue construido entre 1727 y 1747 según los planos de Anton Erhard Martinelli. Con una longitud de 189 m el ayuntamiento es el monumento barroco más antiguo de la capital. La fachada de tres plantas estaba adornada con esculturas y era tan impresionante que la emperatriz María Teresa sostenía que el ayuntamiento era más bonito que su palacio de Viena. Cuando se atraviesa la puerta sur, puede verse en la entrada una estatua de Atenea, protectora de la ciudad. La diosa con casco y lanza fue esculpida en 1785 por el italiano Carlo Adami y sostiene en la mano el escudo de Buda. La escultura es una de los símbolos de Budapest.
V., Városház utca 9–11; Metro: 1, 2, 3, Deák tér (b 5)

Lánchíd (Puente de las Cadenas)
·····⟩ Pág. 113, D 11

El puente de las Cadenas es uno de los símbolos de Budapest. Fue el sueño del gran hombre de estado de la época de la reforma , el conde István Széchenyi (1791–1860), para unir las ciudades de Buda y Pest mediante un puente. Para ello el conde fundó en 1832 la asociación para la construcción de esta monumental obra. En 1849 se pudo construir el puente según los planos del inglés Tierney William Clark y bajo la dirección de su compatriota Adam Clark, que de hecho lo acabó.

Se trata de un puente colgante: las cadenas pasan a través de dos puertas como arcos de triunfo, que se apoyan en dos pilares sobre el río, y llega a ambas orillas apoyándose en cámaras de canalización.

Al final de la Segunda Guerra Mundial, las tropas alemanas volaron el puente al retirarse hacia Buda . En 1949, cien años después de su inauguración, se terminó el nuevo puente de las Cadenas, igual al anterior sólo que un metro más ancho.

Ambas cadenas sobre el Danubio están decoradas con gran cantidad de lámparas, cuya luz da un especial encanto al Budapest nocturno.

Lukács fürdő (Baños Lukács)

⤑ Pág. 108, C 4

La débil radioactividad del agua es muy buena para la columna vertebral y para las hernias discales. Estos baños eran también conocidos en la época turca, aunque el edificio procede de finales del siglo XIX. Aquí tiene su sede el ORFI (el instituto para el reúma y fisioterapia). Junto a los baños hay una piscina abierta todo el año.

II., Frankel Leó útca 25–27;
Tranvía: 6
Baños termales y piscina
Lu–Vi 6–19, Sa–Do 6–17 ;
Entrada 1.500 Florines
Servicios
Baños en bañera, baños de barro, baños termales con gas carbónico, fisioterapia, masajes, masajes bajo el agua, solarium, bebidas curativas, pedicura.

Mátyás kút 👫 (La fuente Matías)

⤑ Pág. 112, C 12

La composición de fuentes en la plaza del Palacio de Buda es de 1904. La obra de Alajos Stróbl cuenta la leyenda de la bella Ilona: Durante una cacería el rey Matías

Consejo ARCOIRIS

⬡6 Parque de estatuas

Colección única de monumentos del socialismo (Marx, Engels, Lenin y otros), recopilados de las calles de y plazas de Budapest. Tras el cambio de 1989-1990 las estatuas fueron retiradas y colocadas en este recinto arquitectónico. En coche se llega por la carretera 70 (antigua calle de Balaton) o con el autobús hacia Diósd (salida: Etele tér), esquina con la Balatoni út/Szabadkai utca (Budetétény)

(1443–1490), que gustaba viajar de incógnito, tuvo una aventura amorosa con la bella muchacha. Cuando Ilona supo quién era realmente su amante y vio que un compromiso era imposible, se consumió de amargura

I., Palacio Real de Buda;
Funicular Burgbus

Mátyás Templom (Iglesia de Matías)

⤑ Pág. 112, C 11

El templo de 60 m de largo fue levantado a mediados del siglo XIII en estilo gótico como iglesia parroquial de la población alemana. Su imagen actual corresponde a la reconstrucción que llevó a cabo el arquitecto Frigyes Schulek durante los años 1874 a 1896.

Aquí fueron coronados los últimos reyes húngaros. De las dos torres, la más pequeña cubierta de coloridos azulejos lleva el nombre del rey Bélas; a la derecha, una torre de 80 m de alto, se llama torre de Matías y está decorada con el escudo de armas de esta familia. La cripta alberga la cámara del tesoro; y en la galería del coro hay una exposición de arte sacro. Especialmente curioso es el portal de

María, obra de un cantero de la Edad Media, y la **capilla de Loreto** con la "Virgen negra", una virgen barroca ennegrecida por el hollín de las velas.

La iglesia también es interesante por su Historia musical. La "Misa de la coronación" de Franz Liszt fue compuesta para la subida al trono de Francisco José I. Se estrenó aquí en 1867; y en la celebración del 250 aniversario de la retirada de los turcos del castillo de Buda (1936) se estrenó el "Te Deum" de Zoltán Kodály. Aún hoy pueden oirse conciertos regularmente.

I., Szentháromság tér; Burgbus;
Entrada 600 Fl

Parque Millenáris ····⟩ Pág. 112 A10
En el terreno de la antigua fábrica de GANZ, quizás la industria más importante de finales de siglo (construida en 1897), se levantó un

El "Sikló", el segundo funicular más antiguo del mundo, lleva de la orilla del Danubio al elevado barrio del Castillo.

recinto ferial y un centro al aire libre con un bonito jardín. El complejo tiene unos 12.800 m^2 de superficie. 2

II., Fény utca 20–22; Metro 2,
Moszkva tér (a 4); a diario 10–21

Nyugati Pályaudvar (Estación Oeste) ····⟩ Pág. 113, F 9
Las dos cúpulas sobre el hall de hierro y cristal están entre los ejemplos más llamativos de la arquitectura contemporánea en la ciudad. La obra se construyó en 1877 según los planos del francés Auguste de Serres y su ayudante húngaro Győző Bernardt.

VI., Teréz körút 109–111; Metro: 3,
Nyugati pályaudvar (b 4/c 4)

Pálvölgyi Cseppkőbarlang (Gruta de estalactitas Pálvölgy) 👫
····⟩ Pág. 108, A 3
Budapest presume de tener una vasta gruta de estalactitas. Con un total de 12 Km de largo, sólo está abierta una parte debido a los laberintos que contiene. Las estalactitas de Pálvölgy llevan los nombres de animales o cosas a las que, con un poco de fantasía, se parecen: el cocodrilo, el león, el órgano, etc. La cueva más grande se llama "el teatro". Sólo se puede visitar con guía. Las visitas tienen lugar cada hora.

II., Szépvölgyi út 162; Autobús: 65;
Entrada cada hora: 10–16 ;
Lu cerrado;
Entrada 850 Fl, niños y jubilados 650

Parlamento ····⟩ Pág. 113, D 10
Si un pequeño país como Hungría, con una discreta democracia, necesitaba un Parlamento tan grande, no fue discutido en su momento debido sobre todo a la exaltada conciencia nacional. Cuando el edificio se acabó a finales de siglo, Budapest había conseguido una de sus lugares de interés más destacadas: El complejo mide 268 m de largo, 118 m de ancho, la cúpula

mide 96 m de alto, tiene 691 salas y 27 puertas.

El estilo en que fue diseñado el edificio puede describirse como oriental con un toque de neogótico; la decoración tiene elementos barrocos, bizantinos, renacentistas y de otros estilos. En el ala sur se encuentra la sede de la Asamblea Nacional. Además el edificio del Parlamento alberga las dependencias presidenciales y del Consejo de Ministros junto a otras para negociaciones y recepciones.

El edificio del Parlamento sólo se puede visitar en grupos guiados.

Información para visitas:
Telf. 4 41 49 04, 4 41 44 15;
V. Kossuth Lajos tér 1–3; Metro: 2, Kossuth tér (b 4); Entrada 2.000 Fl

Rudas fürdő (Baños de Rudas)
⤍ Pág. 117, D 17

Uno de los baños termales más antiguos de la ciudad está al lado del puente Isabel. Fue levantado por los turcos en 1556. Bajo la cúpula se encuentra una piscina octogonal llena de agua termal caliente. Hay también un balneario, fisioterapia y electroterapia, una consulta de reumatología y piscinas para nadar. Los baños de Rudas son monumento protegido y fueron renovados en 2005. Los fines de semana tienen entradas para familias.

I., Döbrentei tér 9; Autobús: 7 (b 5)
Baños termales
Lu 6–20, Ma 14–20, Mi 6–20, Ju 6–12, Vi–Sa 6–17 para hombres,
Ma 6–12, Ju 14–20 para mujeres,
Do hombres y mujeres;
Entrada 2.000 Fl
Piscina
Lu–Vi 6–17, Sa–Do 6–13 ;
Entrada 1.000 Fl

Sikló (Funicular) 👫
⤍ Pág. 112, C 11

Oficialmente es el tren a Buda. Une, a través de 96 m de vía, la Clark Adam tér con el Palacio que

Consejo ARCOIRIS

🚩7 Szent István Plébánia (Iglesia de San Esteban)

La iglesia más grande de Budapest, también llamada "la Basílica" por los habitantes de la ciudad, ocupa una superficie de 4.147 m². La única nave está dividida en nueve sectores y cubierta por una cúpula. Fue construida en 1845 según el diseño de József Hild y después de su muerte se continuó con los planos de Miklós Ybl. El busto sobre el pórtico principal, así como la estatua del altar mayor, representan al primer rey húngaro Esteban I el Santo (970-1038) a quien está dedicada la iglesia. La reliquia de este templo es la "santa derecha", la mano derecha del rey embalsamada.

V., Szent István tér; Metro: 1, Bajcsy-Zsilinszky út (c 4) ⤍ Pág. 113, E 11

está a 48 m de altura. El funicular con sus vagones diseñados en tres niveles fue destruido en la Segunda Guerra Mundial y reconstruido como el original en 1984, aunque la técnica de funcionamiento se modernizó.

A diario 7.30–22 ; Billete 650 Fl, niños 350 Fl

Széchenyi fürdő (Baños Széchenyi)
⤍ Pág. 110, C 8

En 1881 se abrieron estos baños en el bosquecillo de la ciudad. También aquí hay un balneario con distintas terapias bajo el cuidado de los médicos. Las dos piscinas al aire libre, con agua caliente y fría, están abiertas todo el año.

XIV., Állatkerti körút 11; Metro:1, Széchenyi fürdő (c 3)

Consejo ARCOIRIS

8

Fuentes Termales

Las fuentes termales de la isla Margarita proporcionan baños terapéuticos a tres hoteles termales, el hotel **Margitsziget**, el **Aquincum** en la orilla de Buda y la terma del Hotel **Helia** próximo a la orilla de Pest. La terapia está basada en los apreciados elementos que contiene el agua: calcio, magnesio, carbonato de hidrógeno, cloro y sulfato. El tratamiento es apoyado, a través de excelentes reumatólogos, por laboratorios, radiografías, electrocardiogramas y otros modernos aparatos de diagnóstico.

Los clientes tienen la posibilidad de someterse a tratamiento dental. La consulta disfruta, a precios baratos en comparación con los occidentales, de una merecida fama por su buen y rápido diagnóstico. Los baños terapéuticos son también accesibles para el público.

Hotel termal Margitsziget ╌╌> Pág. 109, E 2
Margitsziget; Autobús: 26

Hotel termal Aquincum ╌╌> Pág. 108, D 1
III., Árpád fejedelem útja 94; Tren HÉV: Árpád híd (b 2)

Hotel termal Helia ╌╌> Pág. 109, F 3
XIII., Kárpát utca 62–64; Trolebús: 79; Horario de apertura en los tres hoteles: a diario 7–20; Entrada 4.100–6.000 Fl

Baños termales en piscina
(para hombres y mujeres) a diario 6–22, Sa 6–16
Baños termales
(para hombres y mujeres por separado) a diario 6–19
Piscina para nadar a diario 6–22; Entrada 2.000–2.300 Fl

Servicios Fisioterapia, baños de gas carbónico, baños de barro, masaje terapéutico y bajo el agua, solarium, y bebidas curativas.

Szent Rókus Kápolna (Capilla de San Roque) ╌╌> Pág. 114, A 16
Se construyó, al igual que el vecino hospital, de San Roque, en la primera década del siglo XVIII. La capilla se ha resentido con el paso del tiempo y la contaminación. Tiene un profundo significado el hecho de que el Consejo de la ciudad de Pest en el año 1711, cuando la ciudad se estremeció por la peste, mandara construir el templo dedicado a San Roque como protección contra la plaga.
VIII. Rákóczi út 31; Metro: 2, Blaha Lujza tér (c 5)

Tudományos Akadémia (Academia de Ciencias) ╌╌> Pág. 113, D 11
El palacio situado en la salida del puente de Las Cadenas en Pest fue construido entre 1862 y 1865 según el diseño del arquitecto Friedrich Stüler en estilo neorrenacentista. Las estatuas de la fachada principal simbolizan las antiguas seis Facultades de la Academia: Derecho, Ciencias Naturales, Matemáticas, Filosofía, Filología e Historia.
V., Roosevelt tér 9; Autobús: 2

Turul ╌╌> Pág. 112, C 12
Este mítico pájaro de bronce, parecido a un halcón, está delante de la puerta del Palacio Real. También se puede ver desde el puente de Las Cadenas de Buda. El Turul es un pájaro **tótem de la tradición húngara,** como Emese, la antigua madre del país, de la estirpe de Árpáde. El pájaro profetizó a Emese en un sueño que su hijo, Urahn , sería el padre de una gran nación. El nacionalismo romántico llenó el país de esculturas de Turul. También las puntas de las torres del puente de la libertad de Budapest (Szabadság híd) están adornadas

con el majestuoso ave, al que a menudo se representa con una espada en el pico.

I., Szent György tér (Palacio Real); Funicular

Mausoleo de Gül Baba

·····⫯Pág.112,C9

Gül Baba, el "padre de las rosas", fue un derviche musulmán, una especie de monje mendicante, cuyo mausoleo fue construido entre 1543 y 1548, durante el reinado del Pachá de Buda. La tumba, una obra octogonal con cúpula semicircular, es desde hace siglos un lugar de peregrinación musulmán. En el medio está el simbólico féretro de Gül Baba, cubierto con un paño, como se cita en el Corán.

II., Türbe tér 1; Autobús: 91

Vajdahunyad Vára (Castillo Vajdahunyad)

·····⫯ Pág. 114, C 13

En 1896, para celebrar el milenio de la emancipación de Hungría como país, se convocó un concurso cuyo objetivo era construir un edificio en estilo húngaro dentro del complejo de edificaciones que había en el bosquecillo de la ciudad. El ganador fue Ignác Alpár, cuya obra está en el camino a la isla de **Széchenyi**, lugar donde se encuentra levantado el edificio.

Al lado del lago artificial se ve el castillo bien patente, la **Nyebojsza-torony** (la torre sin miedo), es una copia de las torres de la región de los Siete Castillos.

Metro: 1, Hősök tere (c 3)

Városliget 🏃🏻 (Bosquecillo de la ciudad)

·····⫯Pág.114,C13

El gran aparcamiento en la parte del Danubio de Pest empieza detrás de la plaza de Los Héroes. El bosquecillo de la ciudad fue el escenario principal de las celebraciones del milenio del año 1896, y también sus grandes instalaciones datan de entonces: el zoo, el lago artificial que en invierno sirve de pista de patinaje, el parque de atracciones, los baños termales Széchenyi y el conocido complejo de edificios del castillo Vajdahunyad. El parque, del siglo XIX, es uno de los lugares de descanso preferidos por la población de Budapest.

Metro: 1, Hösök tere (c 3)

Monumento Wallenberg

·····⫯ Pág. 83, c 2

El diplomático Raoul Wallenberg salvó en 1944 a muchos miles de judíos de Budapest del holocausto, ya que creó una organización para esconderlos y proporcionarles pasaportes falsos. En Febrero de 1945 fue llevado a Moscú por las fuerzas de seguridad soviéticas, donde, según la versión oficial, murió en 1947 en una penitenciaría. Su familia duda hasta hoy de la historia. Una comisión investiga desde 1991 su paradero. El monumento es obra del escultor húngaro Imre Varga.

II., Szilágyi Erzsébet fasor 101; Autobús: 56

Consejo ARCOIRIS

⭐9 Semmelweis utca 1–3

El representativo palacio situado en la esquina de la Kossuth Lajos utca es la encarnación de la transformación húngara del siglo XX. Se construyó en 1896 como Casino, dónde las personalidades tomaban las decisiones importantes. De 1945 a 1948 fue la sede del pequeño Partido Campesino. Después fue sala de conciertos, y más tarde se entregó a una sociedad formada por húngaro-soviéticos. Tras el cambio de 1989 el edificio es la sede de la Alianza Mundial Húngara.

V., Semmelweis utca 1–3; Metro: 2, Astoria (c 5)

Museos y galerías

Abrumador: un enorme número de museos, colecciones y galerías privadas.

El Museo Etnográfico está ubicado en el antiguo Palacio de Justicia.

Actualmente se cuentan en Budapest más de 60 museos, así que los amigos de los museos tienen que pasar la tortura de elegir cuáles ver entre todos ellos. **Aquincum**, por ejemplo, no debe dejar de visitarse. Está en el Museo del Castillo y merece la pena sólo por las esculturas góticas, que se encontraron en las excavaciones bajo cientos de kilos de escombros. Es aconsejable una visita a la Galería Nacional Húngara , porque ofrece una idea del arte húngaro desde la Edad Media hasta la época moderna. La colección del Museo de Artes Figurativas ha reforzado la presencia extranjera, especialmente la europea. Es en este museo, después de El Prado, donde más obras de artistas españoles se pueden admirar. En el Museo Nacional hay muchos objetos de la Historia húngara y sobre todo como curiosidad las insignias de la coronación. Los museos están abiertos por lo general entre las 10 y las 18, los Lunes cierran. La entrada cuesta entre 300 y 800 florines, la mitad para jubilados y estudiantes; para exposiciones especiales la entrada puede llegar a costar hasta 1.000 florines. Los Sábados la entrada suele ser gratis. Las galerías de Budapest se dividen en dos grupos: el primero son las salas de exposición en las que artistas y grupos nacionales o extranjeros muestran sus obras. Los horarios y los precios de la entrada son como los de los museos. Como galerías se entiende, en general, salas que raramente tienen exposiciones de un sólo artista, si no que en la mayoría son varios artistas los que ofrecen una amplia oferta. Aquí se pueden comprar las obras. Para evitar problemas en la aduana, debe informarse a la hora de comprar, de si se puede y cómo se puede cumplir con los trámites precisos. La mayoría de las galerías no cobran entrada y tienen horarios parecidos a los comercios: Lunes a Viernes de 10 a 18, Sábados de 10 a 13, Domingos cerrado. Los programas puede encontrarlos en las revistas mensuales y en las columnas publicitarias.

MUSEOS

Aquincum ····⟩ Pág. 109, al norte D 1
La ciudad romana vivió su época dorada en los siglos II y III. La elevada cultura y nivel de civilización de entonces sirvieron para tener un área de 400 x 600 m de calles adoquinadas, casas con agua corriente y alcantarillado, mosaicos en los suelos, un Anfiteatro y frescos en las paredes. Además se encuentran aquí los restos de una basílica (así llamaban los romanos al juzgado), unos baños públicos, un mercado y hasta un cuartel de bomberos.

El museo alberga objetos usados, joyas y en la sala 4, de un especial valor, está el instrumento de una organista llamada Aelia Sabina, en cuyo sarcófago su amante Titus Aelius Justus, también organista de la Legión, mandó esculpir sus palabras de despedida.

Aquincum, museo y ruinas
III., Szentendrei út 139;
Tren HÉV: Aquincum (b 1);
a diario 10–18 hasta el 30 Oct;
15–30 Abr hasta las 17,
Lu cerrado.

Bartók Béla Emlékház
(Casa-monumento de Béla-Bartók)
····⟩Pág. 83, b 1/b 2
En la bonita villa de la colina de Las Rosas vivió el gran compositor hasta que emigró a los EE.UU.
II., Csalán utca 29; Autobús: 29;
a diario 10–17, Lu cerrado.

Budapesti Történeti Múzeum
(Museo de Historia de Budapest)
····⟩ Pág. 112, C 12
A menudo se le llama sólo el museo del Castillo, porque está en el ala Este del Palacio.
En la reconstrucción del castillo después de la guerra fueron salva-

Estilo modernista húngaro-oriental en el techo del Museo de Artes Figurativas.

dos objetos que, en la cambiante historia de la ciudad, habían desaparecido. Como hallazgo único hay que señalar los 62 bustos de la sala gótica. De ellos hay en el sótano de Albrecht detalles arquitectónicos de piedras labradas del siglo XIII, en los llamados pozos del hielo, en las tracerías de las ventanas y en partes de los arcos. En la bóveda del sótano se encontraron azulejos vidriados con escenas de caballeros y de la biblia, así como una sala renacentista que era resto de un edificio del siglo XV.
I., Szent György tér 2,
Palacio Real de Buda, Edificio E;
Funicular, Burgbus; a diario 10–18 ,
1 Nov–28 Feb hasta 16h ,
Nov Martes cerrado.

Evangélikus Országos Múzeum (Museo Nacional Evangélico)
⸱⸱⸱⸱⸱⸱⸱⸱⸱⸱⸱⸱⸳ Pág. 113, E 11
En este pequeño y tranquilo museo hay documentos y manifestaciones de la confesión evangélica en la cultura húngara. La pieza más valiosa es el testamento de Martín Lutero.
V., Deák tér 4; Metro: 1, 2, 3,
Deák tér (b 5)

Hadtörténeti Múzeum (Museo Histórico de la Guerra)
⸱⸱⸱⸱⸱⸱⸱⸱⸱⸱⸱⸱⸳ Pág. 112, B 10
Entre las ricas colecciones del que antes fuera un cuartel del castillo de Buda hay que destacar como curiosidad las vinculadas a la historia nacional: imágenes de caudillos y batallas, mapas, antiguas armas y uniformes así como el manifiesto original del levantamiento de la lucha por la libertad de 1848-49 dirigido por Rákóczi.
En el paseo que hay delante del edificio se encuentran cañones turcos y húngaros de los siglos XVII y XVIII.
I., Tóth Árpád sétány 40; Burgbus;
1 de Abr–30 de Sep a diario 10–18 ,
1 de Oct–31 de Mar a diario 10–16 ,
Lu cerrado.

Hopp Ferenc Kelet-Ázsiai Müvészeti Múzeum (Museo del Lejano Oriente)
⸱⸱⸱⸱⸱⸱⸱⸱⸱⸳ Pág. 114, B 13
Llamado Museo **Ferenc-Hop** en honor al hombre que lo fundó en 1919. El material de exposición de más de cinco especialidades distintas ha ido creciendo. Actualmente la colección se compone de hallazgos de hasta 3.500 años de antigüedad

procedentes de China, Corea, Japón e Indonesia.
VI., Andrássy út 103; Metro: 1,Bajza utca (c 4); a diario 10–18, Lu cerrado.

Iparművészeti Múzeum
(Museo de Artes Decorativas)
⋯⋯> Pág. 118, A 21
En los cinco apartados del museo se muestran muebles, telas, obras de hierro forjado, objetos de cerámica y cristal así como pequeños objetos diversos (tallas de marfil, trabajos en cuero, obras maestras de arte de la encuadernación, etc.) Especial atención merecen los raros trabajos de forjado de la Eszterházy, cámara del tesoro. En la Segunda Guerra Mundial fueron destrozados hasta quedar irreconocibles, pero han sido reconstruidos y muestran su antigua forma. Gracias a fotografías, el visitante puede seguir la evolución de este tipo de trabajo. El museo exhibe también muestras de distintos estilos de arte y también elementos de diseño.
IX., Üllői út 33–37; Metro: 3, Ferenc körút (c 5)

Kiscelli Múzeum
(Museo Kiscelli) ⋯⋯> Pág. 108, B 1
Este palacio barroco tiene una de las colecciones más bonitas de arte húngaro del siglo XX. Resulta interesante la exposición de muñecas y juguetes, donde los niños pueden jugar con algunos de los objetos expuestos.
III., Kiscelli utca 108; Tren 17; a diario 10–16, Lu cerrado.

KOGART-ház (Casa KOGART)
En una parte de la Andrássy út se encuentra una nueva sala de exposiciones con una colección de arte contemporáneo húngaro. Fue fundada por el director de banco Kovács Gábor, que tenía una colección privada. Después de ver la exposición se puede comer allí, ya que hay un buen restaurante y una agradable cafetería.

VI., Andrássy út 112; Metro: 1, Bajza utca (c 5); a diario 10–18, Lu cerrado.

Kortárs Művészetek Múzeuma
(Museo de Arte Contemporáneo Ludwig) ⋯⋯> Pág. 112, C 11
La base del museo abierto en 1996 está en la colección de Peter Ludwig, natural de Aquisgrán, quien regaló al museo muchas obras del arte moderno europeo. Actualmente forman parte del museo también obras de pintores contemporáneos húngaros.
IX., Komor Marcell u. 1, en la Művészetek Háza;
Tren Hév a Csepel, Lágymányosi híd (c 6); Ma, Vi, Do 10–18, Mi 12–18, Ju 12–20, Sa 10–20, Lu cerrado.

Közlekedési Múzeum 👫
(Museo de Transportes)
⋯⋯> Pág. 115, D 13
Este museo tiene exponentes del transporte ferroviario, marítimo y aéreo. En él se representa el desarrollo de los medios de transporte desde la antigüedad hasta la actualidad. Pertenecen también a la exposición maquetas de los barcos del Danubio y el lago Platten, diferentes locomotoras y aviones así como vehículos originales y carruajes. Alrededor del museo hay más vehículos y un antiguo vagón-comedor que sirve de café.
XIV., Városligeti körút 11; Trolebús: 70; Ma–Do 10–17.45, Lu cerrado.

Magyar Kereskedelmi és Vendéglátóipari Múzeum (Museo de arte decorativo húngaro)
⋯⋯> Pág. 112, B 11
El pequeño palacio de estilo modernista en el barrio de Buda, se levantó en lo que fue el hotel Fortuna, alberga interesantes objetos históricos del ámbito de la gastronomía y la repostería.
I., Fortuna utca 4; Burgbus;
Mi–Vi 10–17, Sa, Do 10–18, Lu, Ma cerrado.

Magyar Nemzeti Galéria (Galería Nacional Húngara)

⸺⋟ Pág. 112, C 12

La regia sala de entrada al palacio fue acondicionada para exponer esta amplia colección de arte plástico húngaro.

En la 1ª planta del ala D están las esculturas góticas y cuadros de los siglos XIV y XV. En diez salas de la 2ª y 3ª planta se puede ver el arte plástico húngaro de los siglos XIX y XX, hasta finales de 1960. En la planta baja y en la 3ª planta hay además exposiciones temporales de obras de uno o varios artistas.

I., Szent Palacio Real de Buda, Edificio B, Dísz tér 17; Funicular, Burgbus; C, D, a diario 10–18, Lu cerrado.

Magyar Nemzeti Múzeum (Museo Nacional Húngaro)

⸺⋟ Pág. 113, F 12

La obra clasicista más bonita de Budapest se construyó entre 1837 y 1847 según el diseño de Mihály Pollack. En la 1ª planta del museo se documenta la historia de Hungría desde la constitución como país hasta la revolución de 1849. Aquí se encuentra también una galería de cuadros históricos, dibujos y grabados en cobre, sobre sucesos nacionales y personalidades.

El ala de la sala VI se ocupó primero de Beethoven y después ocupó su lugar Franz Liszt. En la suntuosa sala de la 1ª planta están expuestas las insignias de la coronación húngara: la corona, el cetro, el globo imperial y la capa de la coronación.

VIII., Múzeum körút 14–16; Metro: 3, Kálvin tér (c 5); a diario 10–18, Lu cerrado.

Mezőgazdasági Múzeum (Museo Agropecuario)

⸺⋟ Pág. 114, C 13

En el ala barroca del castillo Vajdahunyad (→ Pág. 61) el visitante conocerá las diferentes ramas de la agricultura y ganadería húngara. Consta de exposiciones sobre la cría de la oveja, el desarrollo del arado y la cría de ganado, centrándose especialmente en la del caballo. También hay un apartado sobre la explotación de los bosques y otro sobre la elaboración del vino. Una curiosidad popular es la descripción de la vida de los pastores húngaros. En las salas de exposiciones sobre la caza y la pesca impresiona sobre todo la imponente sala de trofeos. El museo organiza de vez en cuando distintas exposiciones extraordinarias sobre la agricultura y ganadería.

Városliget, Vajdahunyad Burg; Metro: 1, Hősök tere (c 3); a diario 10–17, Lu cerrado.

Néprajzi Múzeum (Museo Etnográfico) 👣

⸺⋟ Pág. 113, E 10

Las colecciones tienen algo más de 100.000 objetos húngaros y 40.000 procedentes del extranjero sobre los pueblos de Oceanía, Australia, Asia, África y América. La vida del campesino húngaro ayer y hoy se muestra en el campo, la casa y la granja así como en los utensilios y las ropas.

V., Kossuth Lajos tér 12; Metro: 2, Kossuth tér (b 4); a diario 10–18, Lu cerrado.

No es sólo para expertos. En el Museo Agropecuario también los niños lo pasarán fenomenal..

Clasicismo puro: el Museo Nacional Húngaro, en el que entre otros temas se documenta la historia del pueblo húngaro.

Róth Miksa Emlékház

····⟩ Pág. 114, C 14

Róth Miksa fue un importante pintor de vidrio húngaro de estilo modernista. Sus obras se pueden ver entre otros en el Parlamento. Aquí, en la que fue su residencia, se exponen vidrios emplomados, mosaicos y otros objetos.

VII., Nefelejcs u. 26; Trolebús 70 (c 4); Ma–Do 14–18 , Lu cerrado.

Semmelweis Orvostörténeti Múzeum (Museo de la Historia de la Medicina)

····⟩ Pág. 113, D 12

En la casa dónde nació el gran médico y erudito húngaro, que descubrió las causas de la fiebre puerperal, se pueden encontrar instrumentos médicos, aparatos quirúrgicos y recipientes farmacéuticos del mundo antiguo, de la Edad Media y de los siglos XVIII y XIX. En el muro de la valla del patio interior fue enterrado el Dr. Semmelweis en el año 1965, 100 años después de su muerte, y allí tiene su último lugar de descanso.

I., Apród utca 1–3; Autobús: 86; a diario 10.30–17.30 , Lu, Enero y Febrero cerrado.

Szépművészeti Múzeum (Museo de Artes Plásticas)

····⟩ Pág. 114, B 13

El poderoso edificio neoclasicista de Albert Schickedanz alberga su colección gráfica no siempre suficientemente conocida, aunque altamente apreciada en círculos especializados. Abarca 7.000 dibujos extranjeros, 150.000 grabados y 15.000 obras gráficas húngaras, entre ellas 15 dibujos de Rembrandt así como obras de Alberto Durero, Cranach (tanto el padre como el hijo) y de otros muchos famosos artistas mundialmente conocidos. En las 23 salas de la 1ª planta se encuentra la galería de los Maestros de la Antigüedad. Aquí cuelgan, por ejemplo, cuadros de Rafael (La Virgen de Esterházy), Giorgione, Tiziano y Tintoretto. De la sala 14 a la 16 están los españoles: siete obras de El Greco, cinco de Goya (entre ellas "Muchacha con jarra"); gracias al gran número de obras de maestros españoles, entre los que están Velázquez, Ribera y Murillo, la colección es la segunda del mundo en obras españolas después de El Prado. Pero también están presentes otros grandes pintores europeos como Alberto Durero,

del cual se puede ver "Retrato de un hombre joven", uno de los mejores trabajos del maestro de Nurenberg.
XIV., Hősök tere; Metro: 1, Hősök tere (c 3); a diario 10–17.30 , Lu cerrado.

Terror Háza Múzeum
(Casa del Terror) ⟶ Pág. 113, F 11
El número 60 de la Andrássy út fue la central del partido nazi y después de 1945 la sede de la temible policía política húngara (Stasi). El edificio fue sinónimo de terror. Como monumento y recuerdo a las victimas hay una exposición en todas las plantas y en el tristemente famoso sótano de torturas. Se muestran con modernos medios las oscuras páginas de la Historia húngara.
VI., Andrássy út 60; Metro: 1, Vörösmarty út (c 4);
Ma–Do 10–18 , Lu cerrado.

Vasarely Múzeum
(Museo Vasarely) ⟶ Pág. 109, D 1
En el palacio de la familia del conde Zichy en Óbuda se encuentra una exposición permanente de las obras del artista Victor Vasarely (1908–1997), nacido en Pécs y de fama mundial . Vasarely es uno de los fundadores del Op-art: sus pinturas se componen de elementos geométricos, y la composición varía dependiendo de dónde se sitúe el observador.
III., Szentlélek tér 1; Tren HÉV: Árpád híd (b 2); a diario 10–17 , Lu cerrado.

Zsidó Múzeum (Colección sobre la Historia y Religión Judía)
⟶ Pág. 113, F 12
El museo está junto a la sinagoga y presenta en siete salas objetos históricos y artísticos de los judíos húngaros desde el siglo III hasta la actualidad. Además se pueden ver antigüedades religiosas y de la devoción judía.
VII., Dohány utca 2;
Metro: 2, Astoria (c 5); a diario 10–15 , Do 10–13 , Sa cerrado.

GALERÍAS

Budapest Galería ⟶ Pág. 109, D 2
Se trata de una bonita casa burguesa reconstruida que está en Óbuda y alberga esta sala de exposiciones. Muestra además la exposición permanente en recuerdo a Pál Pátzay (1896–1979), uno de los escultores más importantes de nuestro siglo.
III., Lajos utca 158;Tren HÉV: Árpád híd (b 2); Ma–Do 10–18

Budapest Kiállitóterem (Sala de exposiciones de Budapest)
⟶ Pág. 113, E 12
Se encuentra en la salida del puente de Pest llamado Isabel. Muestra las tendencias del arte húngaro y extranjero, especialmente las de Europa oriental, en pintura, diseño gráfico y carteles.
V., Szabadsajtó utca 5; Metro: 3 Ferenciek tere (c 5); Ma–Do 10–18

Csók István Galerie
⟶ Pág. 113, E 12
Es una de las galerías más frecuentadas de la ciudad. Se exponen y venden los trabajos de conocidos artistas. Además de pinturas hay pequeñas esculturas y arte gráfico así como pequeños objetos decorativos que también están a la venta.
V., Váci utca 25; Metro: 3, Ferenciek tere (c 5); Lu–Vi 10–18

Dorottya Galería ⟶ Pág. 113, E 12
Esta galería es famosa por las salas de exposiciones para artistas extranjeros. Junto a ellas se muestran también obras de arte húngaras.
V., Dorottya utca 8; Metro: 1, Vörösmarty tér (b 5);
Lu–Sa 10–18 , Do cerrado.

Dovin Galería ⟶ Pág. 113, E 12
Una de las interesantes galerías del centro de la ciudad. Aquí exponen en su mayoría artistas contemporáneos húngaros
V., Galamb utca 6;
Metro: 3, Ferenciek tere (c 5);Ma–Vi 12–18 , Sa 11–14 , Do y Lu cerrado.

Ernst Múzeum (Museo Ernst)
---> Pág. 113, F 10

El nombre del museo proviene de su fundador el historiador del arte Lajos Ernst, cuya colección privada se muestra aquí.

VI., Nagymező utca 8; Metro: 1, Opera (c 4)

Kieselbach Galéria ---> Pág. 113, E 9

Esta galería es especialmente famosa por su refinada colección.

V., Szent István körút 5; Tranvías: 4, 6

Magyar Fotográfusok Háza, Mai Manó Ház (Museo Fotográfico)

Recientemente abierta, es una colección privada de arte fotográfico europeo. También hay regularmente buenas exposiciones de fotógrafos húngaros.

I., Nagymező u. 20; Metro: 3, Arany J. u. (c 4); Lu-Vi 14–19, Sa-Do 11–19

Műcsarnok (Pabellón de Arte)
---> Pág. 114, B/C 13

Al sur del monumento al milenio de la Plaza de los Héroes se levanta este pabellón neoclásica de arte, que fue acabado en 1891. Es el más grande de los edificios de exposiciones húngaros.

XIV., Hősök tere; Metro: 1,Hősök tere (c 3); Lu-Do 10–18, Ju 12–20

Műgyűjtők Galériája
---> Pág. 113, F 12

(Galería del Coleccionista de Arte)

Pinturas de artistas desde el siglo XX hasta la actualidad.

V., Kossuth Lajos utca 10, Planta 1; Metro: 2, Astoria (c 5); Lu-Vi 10–18, Sa 10–13 , Do cerrado.

Mü-terem Galéria ---> Pág. 113, E 9

Esta galería tiene una gran colección de pintores húngaros de los siglos XIX al XX y es famosa por sus subastas.

V., Falk Miksa utca 13; Metro: 2, Kossuth tér (b 4)

Consejo **ARCOIRIS**

🔟 Budavári Labirintus (Laberinto en el Castillo de Buda)

Para ir al interior de la colina del castillo se pasa por un gigantesco laberinto. En otros tiempos, la población encontró aquí refugio ante incendios, epidemias y ataques enemigos. En cada uno de los caminos hay un laberinto distinto. Junto al "Laberinto de las Personalidades" y al "Laberinto antiguo" está el "Laberinto histórico", que muestra importantes eventos de la Historia y las personalidades húngaras. La visita, desgraciadamente, sólo puede hacerse guiada.

I., Úri utca 9, Autobús: 16, a diario 9:30–19:30; Entrada: adultos 800 Fl, estudiantes 650 Fl.

Polgár Galéria ---> Pág. 113, E 12

Gran oferta de antigüedades, pinturas, muebles de época y joyas.

V., Kossuth Lajos utca 3; Metro: 3, Ferenciek tere (c 5); Lu-Vi 10–18, Sa 10–13 , Do cerrado.

V.A.M. Design Galéria
---> Pág. 117, F 17

La primera galería húngara de diseño.

V., Váci utca 62–64; Metro: 3, Kálvin tér (c 5); Lu 13–18 , Ma-Vi 10–18 , Sa 10–13 , Do cerrado.

Vígadó Galéria ---> Pág. 113, E 12
(Galería en el Reducto)

Curioso edificio de estilo romántico húngaro.

V., Vígadó tér 2; Metro: 1, Vörösmarty tér (b 5)

Paseos y excursiones

Un paseo en coche de caballos por la colina del castillo es un experiencia inolvidable.

En Budapest se puede llegar a muchos sitios a pie. Descubra los variados estilos arquitectónicos y experimente los distintos ambientes de cada uno de los distritos.

La Andrássy út: sobre las huellas del pasado

Característico: Un paseo por la Andrássy út, que en la segunda mitad del siglo XIX fue construida como espléndida calle representativa de Budapest, una moderna capital en pleno desarrollo; **Duración:** 2–3 horas, sin contar con visitas a museos; **Puntos de descanso:** Café Eckermann en el Instituto Goethe, Pastelería Művész enfrente de la Ópera; **Mapa:** ⸺⟶ Pág. 73

Andrássy út, con imponentes palacios e importantes lugares culturales, fue durante décadas el paseo más majestuoso de la capital, y aún hoy tiene un aire de elegancia. Desde la pequeña avenida, llamada **Bajcsy-Zsilinszky-út**, hasta el bosquecillo de la ciudad y la **Hősök tere** (Plaza de los Héroes) forman las calles una unidad arquitectónica.

"Hermosa y majestuosa" fue el lema del violento gran levantamiento nacional que simbolizaron estos edificios en el siglo XIX. Hasta el año 1896, el aniversario del milenio de la constitución como país, no se dejó la avenida con su actual forma. Después tomó el nombre del primer presidente húngaro de las dos monarquías, Gyula Andrássy, antes era la **Sugár út** (calle radial). No sólo se han construido palacios a lo largo de la avenida durante estos años, también bajo tierra se hizo un monumento para celebrar el milenio: en 1896 se abrió la primera línea de metro (hoy Metro 1). Fue el primer metro de la Europa continental, hasta entonces sólo existía el de Londres.

Bajcsy-Zsilinszky-út ⸺⟶Plaza Octogonal
La primera parte de la Andrássy út lleva a la **Bajcsy-Zsilinszky-út** y a la Plaza Octogonal. Aquí está la mejor avenida para comprar, aunque también hay algunas obras históricas interesantes. En la primera planta del edificio de tres plantas situado en el número 3 está el Mu-

seo de Correos, adornado con resaltes, columnas y balcones.

Al otro lado, en el número 27, tropezamos con el punto arquitectónico más alto de toda la avenida, la Ópera Nacional, **Magyar Állami Operaház** (→ Pág. 38). No sólo recuerda a primera vista este hermoso Palacio a una mezcla del estilo ecléctico y neorenacentista, sino también a su hermano vienés, que fue construido una década después (1875–1884). En la parte central de la primera planta hay cuatro esculturas que simbolizan la danza, la poesía, la comedia y la tragedia. El edificio situado frente a la Ópera, en el número 25 es el Palacio **Drechsler**, que tiene características del renacimiento francés. Durante mucho tiempo se creyó que era un lugar "maldito" ya que los seis dueños de lo que antes fuera un café en la planta baja del edificio fueron uno tras otro a la bancarrota y algunos hasta intentaron suicidarse. Hoy hay aquí algo más alegre: la escuela nacional de ballet, que tiene su sede en el edificio.

En el siguiente cruce esta la **Nagymező utca**, que algunos naturales de Budapest la llaman con orgullo el **Broadway de Budapest**. Sin duda esto es un poco exagerado, aunque hay muchos teatros y locales.

El siguiente cruce tiene dos plazas, una a cada lado de la calle. En la plaza de la izquierda, **Jókai tér**, se encuentra la estatua del gran no-

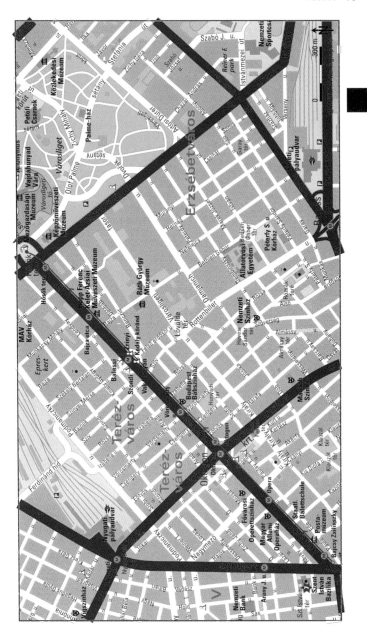

velista Mór Jókai (1825–1904).
A la derecha en la **Liszt Ferenc tér** está la estatua del renovador de la poesía húngara, Endre Ady (1877–1919).

La primera parte de la Andrássy út acaba en la Plaza **Octogonal**, cuyo nombre proviene de su forma.

Aquí cruza la Gran Avenida. Arquitectónicamente esta plaza es el típico producto del boom de la construcción del siglo XIX. Y como siempre fue una de las plazas mas importantes de Budapest, se le cambiaba el nombre por una de las personalidades del momento o por el de un suceso significativo. Así se la bautizó en 1940 como Plaza Mussolini, en los años 50 como Plaza del 7 de Noviembre, en recuerdo a la revolución bolchevique. Después del cambio de sistema en 1990, recuperó finalmente su nombre. Algunos simplemente llaman a la plaza el octógono, con independencia del sistema de gobierno o de lo que figure en la placa.

Plaza Octogonal ····≯ Kodály Körönd
A ambos lados de esta plaza pasa el tranvía de Andrássy út , a través de un paseo que antes servía de paseo para los jinetes y que está separado de la acera. La casa de la esquina en el número 60 es la Casa del Terror. Recuerda una época oscura de la historia húngara. Curiosa resulta la casa en la esquina del número 67, un bonito edificio renacentista. Fue la casa de Franz Liszt, hasta que albergó la Academia de Música. Los relieves de la segunda planta representan a los compositores Johann Sebastian Bach, Joseph Haydn, Franz Liszt, Ferenc Erkel, Wolfgang Amadeus Mozart y Ludwig van Beethoven. En la planta baja del siguiente edificio, el número 69, está el Teatro de Marionetas de **Budapest** (→ Pág. 45) y algunas clases de la Academia de Bellas Artes.

Kodály Körönd ····≯ **Hősök tere**
La tercera parte de la Andrássy út empieza en la **Kodály Körönd** (glorieta). La plaza se llama como el gran compositor, investigador de música popular y pedagogo de la música, Zoltán Kodály (1882–1967), que vivió en la casa del número 89. La forma circular de la plaza se la dan los cuatro palacios construidos en ella, que delante tienen plantados altos plátanos de sombra y castaños. En los jardines adyacentes están las estatuas de cuatro grandes de la historia húngara: Vak Bottyán (1643–1709), general en la lucha por la libertad bajo Fürst Rákóczi; Miklós Zrínyi (1508–1566), Ban de Croacia, que cayó en la defensa de Szigetvár contra los turcos; György Szondi (muerto en 1552), otro héroe de las luchas contra los turcos, y Bálint Balassi (1554–1594), primer poeta húngaro importante, que luchó contra los turcos hasta encontrar la muerte.

En el número 101 está el club de la Asociación de Periodistas Húngaros al que pertenecen un restaurante y un café. En el pequeño palacio de al lado, en el número 103, se encuentra el Museo del Lejano Oriente (→ Pág. 64). Como punto final del paseo a lo largo del Andrássy út está la **Hősök tere**, la Plaza de los Héroes, con el edificio del Pabellón de Arte levantado a finales del siglo XX (→ Mücsarnok, Pág. 69) y el Museo de Artes Plásticas (→ Szépmüveszeti Muzeum, Pág. 67). Si todavía tiene tiempo y ganas, visite la brillante colección de los grandes Maestros españoles en el museo, o alguna de las exposiciones que sobre artistas contemporáneos húngaros y extranjeros suelen exhibirse en la Sala del Arte.

LOS RINCONES MÁS HERMOSOS DEL MUNDO

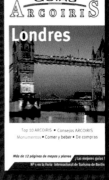

Con las Guías ARCOIRIS pasará días inolvidables

Allá donde hay libros, hay una

Guía ARCOIRIS

www.guiasarcoiris.es

El barrio del Castillo, el culmen de la ciudad

Característico: La colina del Castillo de Buda está rodeada de restos de murallas de la Edad Media. La cresta sur de la colina que se eleva sobre el Danubio está coronada por el Castillo de Budapest. En la parte norte está el barrio de Buda; **Salida:** La mejor conexión con el centro de la ciudad es el funicular, cuyas estaciones están al lado del túnel de la colina del Castillo, y también la salida a Buda del puente de Las Cadenas; **Duración:** 4 horas; **Puntos de descanso:** Bar Espresso Tárnok, Pasteleria Ruszwurm, Restaurante Alabárdos, Restaurante Fortuna, Budapest Hilton; **Mapa:**
····⟶ Pág. 77

En menos de dos minutos lleva el funicular a sus pasajeros desde el Puente de las Cadenas a Szent György tér que está arriba, sobre la colina. A la izquierda se extiende el complejo del Palacio Real de Buda, para cuya visita se deberá tomar bastante tiempo(→ Budavári palota, Pág. 50).

Szent György tér ····⟶ Hess András tér
El palacio clasicista **Sándor** de una sóla planta, en la Szent György tér nº 1–2, que es la última parte del palacio, sirvió durante los años 1867 a 1944 **como sede presidencial**. Si se gira a la derecha, se tropieza en la corta Színház utca, números 1 a 3, con el **Várszínház (Teatro del Castillo)**. Está construido en el muro de un convento franciscano del siglo XIII y en 1790 tuvo lugar la primera representación de un grupo húngaro de teatro.

La Színház utca desemboca en la **Dísz tér**, dónde la bonita fila de casas barrocas, cuyo conjunto es un monumento, le alegrarán. Especialmente destacable es el Palacio de dos plantas construido en 1748 llamado **Batthyányi** que está en el número 3. El palacio de enfrente tiene un grupo escultórico no muy logrado de György Zala, en recuerdo a su participación en la liberación de Buda en la lucha por la libertad de 1848-49.

La Tárnok utca es la continua-ción de la Dísz tér. La casa del número 5, un palacio barroco, se levantó en 1725. En el número 14 hay un edificio de la Edad Media en reconstrucción, cuya fachada está decorada con fragmentos de pinturas del siglo XVI. Por el pasaje de la puerta se llega a las salas de la planta baja, dónde el **Tárnok-Espresso** invita a una pequeña pausa. La casa en Tárnok utca 18 alberga desde el siglo XVIII una farmacia, la Arany Sas Patika, con el águila dorada alemana. Hoy está aquí el Museo de la Farmacia.

Con esto llegamos al considerado como punto medio del barrio del Castillo, **Szentháromság tér**. El bastión de los pescadores y la Iglesia de Matías nos saludan como "viejos conocidos". La plaza, de decoradas columnas, se hizo en agradecimiento a que la peste respetó la ciudad en 1709 y fue construida por Fülöp entre 1710 y 1713. Enfrente de la iglesia de Matías, en la esquina de Szentháromság tér con Szentháromság utca, encontramos el antiguo ayuntamiento de Buda (Budai Városháza) que, basándose en los cimientos de la Edad Media, fue levantado en el siglo XVIII. La próxima parada es la calle que lleva el nombre del primer impresor húngaro, **Hess András tér**. A medio camino está la estatua del Papa Inocencio XI (1611– 1689).

Hess András tér ⸱⸱⸱⤳ Bécsi kapu tér
En dirección norte la plaza desemboca en la **Táncsics Mihály utca**. Una vez se llamó esta calle la de los judíos, porque en el siglo XVI estaba aquí el barrio judío de Buda. El palacio barroco **Erdődy** está en el número 7, sobre la adornada puerta hay una reja de hierro forjado en un balcón de estilo barroco. Hoy se encuentra aquí el Instituto de Ciencias de la Música.

La Táncsics utca mündet desemboca en la **Bécsi kapu tér** (Plaza de la puerta de Viena). La puerta fue levantada en 1936 para celebrar el 250 aniversario de la retirada de Buda de los turcos en el lugar donde antes había edificios medievales. Del número 2 al 4, construido entre 1913 y 1917, se alberga el Archivo Nacional (Országos Levéltár). La casa de una planta en la Bécsi kapu tér nº 7, se levantó so-

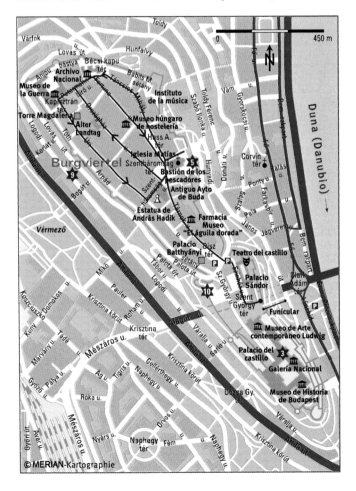

El elegante Hotel Hilton de Budapest está en el barrio de la iglesia de Matías.

bre la muralla medieval en el siglo XVIII, está decorada en la fachada con retratos de antiguos poetas y escritores. Aquí estuvo **Thomas Mann** de 1935 a 1936 tres veces como cliente con su amigo, el escritor húngaro Mäzen **Lajos Hatvany** (1880–1961).

Bécsi kapu tér ····⟩ Szentháromság La corta calle Petermann bíró utca lleva a la **Kapisztrán tér** her. En el clasicista bloque de casas entre el número 2 y 4 está el Museo Histórico de la Guerra (Hadtörténeti Múzeum) de Budapest (→ Pág. 64). Pero el monumento único en esta calle es la **Torre de María Magdalena,** que pertenece a la iglesia de la Magdalena construida en el siglo XIII para la antigua población alemana que vivía en el barrio. La torre se libró de los terribles bombardeos de la Segunda Guerra Mundial.

Desde Kapisztrán tér llegamos a la más antigua y larga avenida del barrio del castillo, la **Úri utca** (calle de los señores) con sus palacios. Cada uno de ellos es una perla en sí. Se trata de la mayor cantidad de edificios barrocos levantados tras la expulsión de los turcos y edificados sobre la muralla medieval del castillo totalmente derruido. La Segunda Guerra Mundial ocasionó tantos destrozos como la lucha contra los otomanos, pero calle a calle y casa a casa se reconstruyó todo.

La casa número 53 en la Úri utca fue antes un convento franciscano. El número 49 de la Úri utca comprende un antiguo convento de clarisas junto con la iglesia, levantado en el siglo XVII. El patio interior es un bonito ejemplo de la unión de un edificio barroco y la moderna arquitectura de los jardines. En el número 51 están diferentes Institutos de la Academia de Ciencias Húngara.

La casa del número 31 es el edificio más interesante de este barrio. Su fachada, de 1440, es gótico puro, la puerta y las ventanas medievales fueron levantadas en la reconstrucción que se hizo tras la Segunda Guerra Mundial. El edificio de la Úri utca nº 32 ocupa el lugar de una casa medieval, reconstruida en el siglo XVIII, de la que después de 1945 sólo conservaría los decorados arcos góticos. Según el diseño de Zoltán Farkasdy se levantó una casa moderna que incluye los mencionados arcos, introduciéndolos así por suerte en el entorno histórico. Dónde se cruzan la Úri utca y la **Szentháromság utca** tropezamos con la estatua de András Hadik (1710–1790), el audaz general de húsares de María Teresa que en 1757, durante la guerra de los siete años, tomó Berlín. A la izquierda, en la **Szentháromság utca**, se encuentra en el número 7 la famosa pastelería **Ruszwurm**.

Szentháromság tér ⸱⸱⸱⟶ Hess András tér
Llevamos nuestro paseo a la Szentháromság tér fort, dónde torcemos a la izquierda por la **Országház utca**. La casa del número 2 fue antes un palacio gótico del siglo XV. Quedan algunos fragmentos góticos aunque la casa se convirtió en barroca en el siglo XVIII, y se reconstruyó después según el gusto clasicista. Algunas de las estancias barrocas de la planta baja se pueden visitar. El elegante restaurante **Alabárdos** (⟶ Pág. 26) se encuentra aquí y en el antiguo sótano de piedra del palacio hay también una bodega. En la reconstrucción de la casa del número 9 se encontraron restos medievales y se conservaron. Hoy es la sede del Archivo Bartók.

La casa de la **Országház utca nº 20** es del siglo XIV y está en un estado aceptable. En el número 28 se encuentra el antiguo Parlamento, que se construyó en 1784 según los planos del arquitecto austríaco Franz Anton Hillebrandt (1719–1797).

Con ello hemos llegado a la Kapisztrán tér y torcemos a la derecha en la Petermann bíró utca.

Concluimos nuestro paseo en la **Fortuna utca**, donde la casa del número 14 llama la atención por el dintel de su puerta ricamente decorada y por el balcón barroco. El edificio del número 10 procede del siglo XIII, pero tras varias reformas casi no se reconoce; su estilo barroco data del siglo XVIII y sólo en la fachada quedan restos medievales. La casa del número 6 tiene un carácter inequívocamente barroco, que se reconoce sobre todo en el estuco sobre las ventanas de la planta baja. En Fortuna utca nº 4, el antiguo hotel Fortuna, esta el Museo **Húngaro de Hostelería** (⟶ Magyar Kereskedelmi és Vendéglátóipari Múzeum, Pág. 65).

Ahora se encuentra de nuevo el viajero en la **András tér** con la **Szentháromság tér**. Si está cansado, hambriento o sediento, puede entrar en el restaurante **Fortuna** en el nº 4 de la Fortuna utca. Si busca la elegante gastronomía de Budapest, la encontrará en todo su esplendor en el Hilton. Aquí fundó en el siglo XIII el rey Béla IV un convento dominico. Sólo queda la torre de la iglesia, que hoy está integrada en el complejo del hotel.

Esteban I, rey de Hungría en el año 1000, introdujo el cristianismo en el país.

Isla Margarita, concurrido destino de excursionistas desde tiempos pasados 🧍🧍

Característico: La isla Margarita, de 2,5 Km de largo y hasta 500 m de ancho, está en el Danubio y es un lugar de descanso único en medio de la gran ciudad. Fuentes, baños curativos, zonas de juegos y deportivas, cuidados jardines y paseos, así como importantes ruinas históricas, invitan al visitante a disfrutar de su paseo; **salida:** toda la isla Margarita está cerrada al tráfico, sólamente en la parte norte, desde el puente Árpád, se puede acceder a los hoteles. Como única excepción pasa por el puente de Margarita el Autobús 26, que recorre la isla. De primavera a otoño hay barcos de pasajeros regularmente con los que se va desde las orillas de Pest y Buda a la isla; **duración:** 2–3 horas; **Puntos de descanso:** Grand Hotel Margitsziget, Thermal Hotel Margitsziget; **plano:** ----> Pág. 109, D 4–Pág. 109, E 2

Desde la colina de Buda la isla Margarita se puede ver entre el puente Margarita y el puente Árpád como si fuera un gran barco verde anclado. En la alta edad media fue un recinto real de caza y se le llamó la isla de los conejos. Su actual nombre se debe a que el rey Béla IV en el siglo XIII fundó un convento dominico, en el que su hija Margarita (1242–1271) debía vivir, para cumplir su juramento de que el país se librara de una segunda invasión tártara. Así, la princesa vivió desde los nueve años hasta su temprana muerte en la isla, en el convento dominico. Aún hoy se pueden ver las ruinas de este convento. A finales del siglo XVIII se hizo cargo de la isla el apasionado jardinero József Habsburgo, que transformó todo la zona en un jardín inglés. Después lo entregó a la ciudad, se abrió al público y hasta el final de la Segunda Guerra Mundial se cobraba una entrada.

Vista panorámica desde la colina del castillo con el Palacio Real sobre el Danubio y el Puente de las Cadenas. Al fondo se pueden ver el puente y la isla Margarita.

Puente de Margarita ···≽ Puente Árpád

Desde el puente de Margarita se llega a un puente que da paso a la parte sur de la isla Margarita, donde se encontrará con el monumento al centenario, que por las noches tiene una fuente iluminada. El original trabajo del escultor István Kis se compone de altas planchas metálicas unidas entre sí como los pétalos de una flor. Se levantó en 1972 para conmemorar el centenario de la unificación de Óbuda, Buda y Pest. Justo enfrente, en la orilla del Danubio, está la Piscina Deportiva Nacional, construida en un estilo funcional inspirado por la Bauhaus. Se edificó entre 1929 y 1931 según los planos del nadador Alfred Hajós, que en los primeros juegos olímpicos de la nueva era, en 1896, ganó la medalla de oro en estilo libre.

En la siguiente etapa de nuestro paseo llegamos a las ruinas del convento franciscano, que fue construido entre finales del siglo XIII y principios del siglo XIV. Anteriormente la iglesia tuvo una nave con un coro en forma de semicírculo. Todavía quedan en pie una parte de la fachada oeste y restos de la antigua torre.

Al lado, casi en el centro de la isla Margarita y actuando como pieza decorativa, está el jardín de rosas. Se trata de un jardín en un único color con una sinfonía de aromas de más de 200 clases y con 2.500 plantas, que diariamente disfrutan los miles de visitantes que se sientan en los bancos. A la derecha del jardín, en dirección al río, están las ruinas de la iglesia y el convento dominico. Después de las inundaciones de 1938 se descubrieron los restos de un convento de la época turca, cuya habitante más famosa fue la Princesa Margarita, hija del rey Bélas. En las cercanías se levanta un depósito de agua de 52 m de alto y justo al lado se encuentra el escenario al aire libre, que regularmente se utiliza para distintos espectáculos.

A su derecha, en la orilla del Danubio, está el mayor baño público de la capital, la playa Palatinus. En el otro lado, cerca de la orilla del Danubio, se encuentra la iglesia de San Miguel. Es una iglesia levantada en el siglo XII, de estilo románico perteneciente a la orden Premonstratense y que fue reformada entre los años 1930 y 1932.

Muchos poetas, pintores y músicos, buscaron un descanso creativo en la isla Margarita, sobre todo en los siglos XVIII y XIX.

El **Grand-Hotel Margitsziget** fue el punto de encuentro preferido, y por las noches deambulaban en el paseo de los artistas, donde todavía hoy se pueden ver los bustos de importantes artistas húngaros.

El número de esculturas va en aumento, ya que siempre hay nuevos artistas "elevados" a clásicos. Junto al Grand Hotel Margitsziget está su moderno hermano el **Thermal Hotel Margitsziget**. En ambos hoteles se puede disfrutar de un entorno agradable y hacer una pequeña pausa junto a un buen café y un trozo de tarta.

La siguiente etapa de nuestro paseo nos lleva al jardín de rocas con sus pequeños estanques, artísticas cascadas y rústicos puentes. Es a la vez un jardín botánico, donde se pueden ver gran variedad de plantas distintas procedentes de todo el mundo. La última curiosidad de la isla Margarita son las fuentes musicales, una copia de las construidas por Péter Bodor en 1820 en la Plaza Mayor de Marosvásárhely en el estado de Siebenburg.

Las fuentes construidas en 1936 funcionaban con fuerza hidráulica. En la Segunda Guerra Mundial fueron tan dañadas que sólo se pudieron reconstruir sin el mecanismo original.

Excursiones por los alrededores

Las colinas de Buda 👫

Característico: las colinas de Buda son siempre el destino preferido de las excursiones por Budapest. Disfrute de sus vistas de ensueño en los montes sobre la ciudad; **duración**: 1 día; **Puntos de descanso**: Hotel Panorama, el restaurante en la torre mirador; **salida**: tren cremallera en Városmajor; la diferencia de altura entre la estación del valle y la de la montaña (Széchenyihegy) es de 315 m, el recorrido es de 3.733 m; para el viaje se venden billetes a 90 Fl; **información**: **Libegő** (telesilla); Telf. 3 94 37 64; a diario 9–17h; precio (billete sencillo) para adultos 500 Fl, para niños menores de 10 años 250 Fl; **Gyermekvasút** (tren de vía estrecha); Telf. 3 97 53 96; a diario excepto Lu 9–16h, en verano también Lu; precio del billete de ida 150 Fl (niños) y 400 Fl (adultos); **mapa**:   ---> Pág. 83

El punto de partida de esta excursión es la **Moszkva tér**. En este gran intercambiador de transportes lo más fácil es tomar la línea 2 de metro.

Desde aquí también puede tomar el tranvía 18 o el 56 a dos estaciones de la Szilágyi Erzsébet fasor, y ya está usted en la estación del valle en el tren cremallera de **Városmajor**. La salida con tren es la más cómoda para ir a las colinas de Buda, atravesando el maravilloso paisaje a baja velocidad (12 kilómetros por hora), lo que permite recrearse en el entorno . Entre medias puede hacer una corta parada en la estación de **Városkút** (fuente de la ciudad), donde mana una pequeña fuente, o en **Svábhegy** (colina suabia), que desde mediados del siglo pasado es la excursión preferida de los habitantes de Budapest. Aquí pasan el fin de semana los habitantes más adinerados en sus propias villas. Antes se llamó la colina de Suabia, después de 1945 la "colina del tiempo libre" y desde 1991 recuperó de nuevo su antiguo nombre, colina de Suabia.

Antiguamente la ciudad estaba lejos de la colina, pero hoy se puede pasear hasta llegar casi a las villas. En el bosque hay dos estaciones hasta llegar a la final del tren cremallera.

Sobre **Széchenyihegy se puede ir a la** torre mirador a través de la Evetke utca y así, desde sus 427 m de alto, tener una vista alrededor de las colinas de Buda. Si tiene hambre o sed aquí, le recomiendo el Hotel **Panorama**, con su bonita terraza.

También puede montarse de nuevo en el tren, pero esta vez en el tren de hierro (**Gyermekvasút**). Fue construido entre 1948 y 1950, sobre todo para disfrute de los niños, porque aquí no sólo son clientes, sino que también aprenden el oficio con el uniforme de revisor o conductor. Hay que tener paciencia porque a veces hay que esperar cola de hasta 45 minutos.

La primera estación se llama **Normafa**, y el pequeño bosque invita en verano a dar un paseo, en invierno a esquiar. Después, el tren para en **Gyemek-és Ifjúsági Központ** (Centro para niños y jóvenes) en Csillebérc donde, desde primavera a otoño, los niños (también extranjeros), pueden disfrutar de campamentos de dos a tres semanas.

En la tercera estación, **Előre**, pueden hacer una excursión a **Makkosmária**. Siguiendo el camino marcado a través del bosque se llega a este bonito lugar con una iglesia barroca. El maravilloso cuadro de María se encontró, según la leyenda, en la rama de un roble. De ahí viene el nombre del lugar, que significa el roble de María. Makkosmária está cerca de **Budakeszi**, donde puede tomar el autobús 22 a través de **Szépjuhászné** (la bonita pastora) hasta la Moszkva tér.

La **János-hegy** (colina de Juan) es la más alta de los alrededores de Budapest con sus 527 m de altura. La torre mirador de 23,5 m, de estilo neorománico, recuerda al bastión de los pescadores y se levantó según los planos de Frigyes Schulek. Desde su planta superior se tiene una vista de ensueño de las colinas de Buda y de toda la

ciudad. En esta torre hay un restaurante abierto de primavera a otoño.

Después de estos miradores aún tiene la posibilidad de ir en el telesilla (**Libegő**). En 10 minutos se puede llegar a la plataforma de cemento de 8 m de alto, en **Zugliget**, la estación final. Las praderas de la colinas **Svábhegy**, **János-hegy** y **Hárs-hegy** forman un valle al que puede hacerse una bonita excursión. En Zugliget se sube al autobús 158 o al 28 y se regresa al punto de partida, Moszkva tér. Si desea continuar con el tren de hierro para niños, adecuado también para adultos a pesar del nombre, irá de János-hegy a

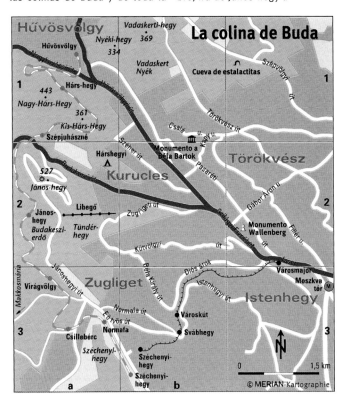

Con el tren se puede llegar cómodamente a la pequeña ciudad de artistas Szentendre desde Budapest.

Szépjuhászne y Hárs-hegy a la estación final: **Hűvösvölgy** (valle frío). Allí encontrará los fines de semana y festivos un buen lugar para divertirse con carruseles, casetas de tiro y muchas otras posibilidades tanto lúdicas como deportivas. Y cuando se haya divertido lo suficiente también puede regresar desde aquí de nuevo a la Moszkva tér, esta vez con el autobús 56.

Por supuesto, puede regresar de su excursión también por las colinas de Buda, es decir de Moszkva tér con el autobús hasta Hüvösvölgy o hasta Zugliget, para ir al bosque. Otra opción es tomar el tren cremallera hasta su estación final, en Városmajor, subirse al autobús y regresar al punto de partida, la Moszkva tér.

Un consejo: no se deje asustar por el mal tiempo. En el camino encontrará seguramente un lugar donde cobijarse o un restaurante donde entrar.

Szentendre

Característico: Visita a Szentendre para admirar sus monumentos; **duración:** 1 día; **Puntos de descanso:** Restaurante Aranysárkány, Restaurante Rab Ráby, Café Pastelería Szamos (con una tienda de mazapán al lado); **salida: con el coche:** desde Flórián tér al norte de Buda en dirección a Szentendrei út por la vía interurbana de doble carril 11; **con el tren suburbano HÉV:** desde la estación término Batthyányi tér hasta Szentendre, duración del viaje 40 minutos, precio del billete 500 Fl. Los trenes salen cada 20 minutos; el primer tren desde Batthyányi tér 3:50, último tren a las 23:30; primer tren desde Szentendre a las 3:45, último tren a las 23:10. En barco: en verano desde Vígadó tér; duración 2 horas, precio del billete 1190 Fl; **mapa:** ⟶ Pág. 85

A principios del siglo XVIII los serbios que emigraron a la ciudad, antes llamada San Andrés, la hicieron florecer como ciudad comercial. Hoy se puede describir como ciudad-museo por sus muchos museos y casas monumento, así como por los artistas que viven en ella o al menos pasan la mayor parte del año aquí. Quien pasea por sus bonitas calles, sube sus escaleras o sus cuestas, admira sus antiguas casas de estilos diversos como el barroco, el rococó y el neoclásico, y contempla la colorida animación de las pequeñas plazas puede asegurar que esta pequeña ciudad del Danubio tiene un ambiente mediterráneo.

Cuando, en 1739, Belgrado cayó en manos turcas, una verdadera oleada de serbios se refugió en Szentendre. Los nuevos pobladores dieron tal carácter a la ciudad que llego a ser la sede del obispado (ortodoxo). Con el tiempo se mezclaron los recién llegados con los naturales del lugar y aún hoy siguen viviendo algunas familias serbias en Szentendre. Por fortuna, la herencia cultural y espiritual de los serbios ortodoxos no se ha perdido hasta hoy .

Nuestro paseo por Szentendre comienza en la **Hősök tere**, que está delante de la estación del tren HÉV. Recorriendo la **Kossuth Lajos utca**, ésta nos conduce justo al corazón de la ciudad. El primer monumento serbio en el camino es la iglesia griego-ortodoxa **Požarevačka**, que lleva el nombre de la lo-

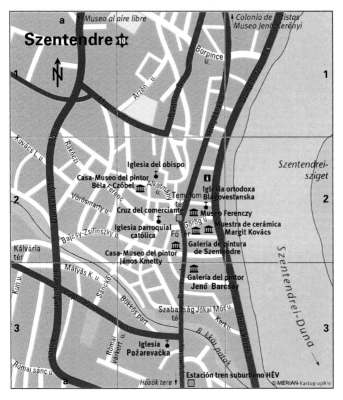

calidad de la que procedía el primer miembro de la iglesia serbia. El templo se levantó entre 1759 y 1763 en estilo barroco. En el claustro hay todavía algunas tumbas de serbios griego-ortodoxos.

Paseando entre las bonitas casas antiguas de la **Dumtsa Jenő utca** encontramos, en el número 10, la exposición permanente del gran artista de vanguardia húngaro Jenő Barcsay (1900–1988). Nos tomamos más tiempo para ver en el centro de la ciudad, en la triangular Fő tér, cómo las pequeñas casas de distintos estilos forman un conjunto armonioso a pesar de su diversidad arquitectónica.

En el medio de la plaza está la cruz del comerciante, que erigieron los comerciantes serbios en agradecimiento a que la peste respetó la ciudad.

Bajo la fachada de las casas con el número 2 al 5, donde antes vivían comerciantes serbios, se construyó en la planta baja la galería de pintura de Szentendre. Ésta tiene distintas obras de los más de cien artistas de la ciudad.

Enfrente de la galería hay un monumento al pintor János Kmetty (1889–1975) y la galería alberga una exposición permanente de sus obras.

En la Fő tér, dirección al Danubio, esquina con la corta calle Görög utca, está la iglesia griego-ortodoxa de la Anunciación a **María (Blagovestanska)**, una de las obras más bonitas del barroco de Szentendre. La iglesia de 1752 es del arquitecto Andreas Mayerhoffer.

En el número 6, en un edificio neoclásico, se instaló el Museo **Ferenczy**, donde se puede ver una exposición permanente de obras de la familia de artistas húngaros Ferenczy. En su antigua ala el museo alberga, además, una colección de documentos sobre la ciudad y su entorno.

Desde aquí el camino nos guía a la **Görög utca** y desde allí torciendo a la derecha por la **Wastagh György utca**, en la esquina está la colección más visitada de Szentendre. Muestra obras de la famosa ceramista húngara Margit Kovács (1902–1977).

La pintoresca y apacible orilla del Danubio en Visegrád.

Seguimos por la **Alkotmány utca** hasta la muralla del centro de la antigua comunidad religiosa **griego-ortodoxa en la iglesia del obispo** (Görögkeleti Püspöki Székesegyház), también llamada de **Belgrado** o la catedral de **Saborna**.

El templo, construido entre 1756 y 1764, tiene en el centro, según la tradición, un lugar que ocupan los hombres al que se accede bajando un escalón, mientras que la "iglesia de las mujeres", está debajo del coro, separada con una puerta. En el claustro de la catedral se encuentra el edificio de la colección de arte religioso serbio (Szerb Egyháztörténeti Gyűjtemény).t

Desde el Fő tér se puede también subir la cuesta de la iglesia dirección norte. Arriba está la **primera iglesia parroquial católica de Szentendre**, con cimientos de piedra del siglo XIII.

Frente a la parroquia sugerimos visitar la casa monumento de la Templom tér número 1, dedicada al pintor postimpresionista Béla Czóbel (1883–1976). Hay otros dos monumentos que no se deben pasar por alto cuando hablamos de arte en Szentendre, . Al final de la calle Bogdányi utca, en el número 55, detrás de un muro de piedra, está la **colonia de artistas de Szentendre**. Aquí viven desde hace más de 60 años artistas húngaros, muchos de los cuales se encuentran ya entre los clásicos. El segundo monumento es el t, en la Ady Endre utca, número 6. Este museo da buena idea de la obra del escultor Jenő Kerényi (1908–1975), cuyas esculturas están en muchas plazas públicas de toda Hungría.

Visegrád 👫

Característico: Excursión que sigue las huellas del rey Matías, que residió en el espléndido Palacio Real de Visegrád; **duración:** 1 día; **Puntos de descanso:** Restaurante Reneszánsz, Restaurantr Siráry; **Salida:** en coche: por la vía interurbana 11; con el autobús: desde el autobús de la estación central: Árpád híd, duración 1 $\frac{1}{2}$ hora, precio 635 Fl; en el barco de línea: en verano desde la Vigadó tér: salida a diario a las 9; excursión en barco de vapor: duración 3 horas, precio 1.290 Fl; **información:** Palacio Real (Királyi Palota), a diario excepto Lu 9–17h; bastión: a diario de 9–17

Visegrád está 42 Km al norte de Budapest, en una pintoresca región a las orillas del Danubio. Ya en el siglo IV los romanos levantaron una fortaleza cuyos restos todavía están en la colina de Sibrik al norte de la Fő utca. Después del ataque de los tártaros se renovó el castillo entre 1251 y 1261.

A principios del siglo XIV sirvió por fin la real plaza para cumplir su objetivo y se construyó un espléndido palacio a la orilla del Danubio. La época dorada de este **palacio real de Visegrád** empezó, sin embargo, a mediados del siglo XV, cuando se reconstruyó en estilo gótico gracias a artesanos alemanes primero y después bajo la dirección y los planos de renombrados arquitectos italianos. La esplendida residencia en el Danubio del rey Matías se hizo rápidamente famosa en toda Europa.

Durante la dominación turca se destruyó tanto el palacio como el castillo. Más tarde desapareció el palacio por completo, debido a un corrimiento de tierras. Las excavaciones comenzaron en 1934 con el arqueólogo János Schulek, y hasta hoy no se ha descubierto del todo este palacio real de 500 m de largo y 150 m de ancho, porque sobre el antiguo edificio están parte de las casas.

Si va en dirección Szentendre por la vía interurbana 11 o llega con el barco, encontrará junto al puerto la llamada **Torre del Agua de la fortaleza.** El edificio de más de una planta y estilo románico controlaba el tráfico fluvial del Danubio y aseguraba el suministro de agua al palacio. Como quedó en medio de la calle mayor, se derribó y después se renovó en 1937 con su forma actual. Como edificio antiguo también está el pequeño castillo con puertas y ventanas románicas. La estatua representa al rey Béla IV, fundador de Visegrád.

La torre-residencia, conocida como la "torre de Salomón" se construyó al mismo tiempo que el castillo, es decir, en el siglo XIII.

Las cinco plantas miden 31 m de alto y sus gruesos muros hasta 8 m. Se le llama de Salomón por que, según una leyenda, el rey László I tuvo prisionero a su rival, el hijo del rey Salomón, en esta torre. Este suceso histórico ocurrió en el siglo XI según la cronología pero la torre aún no había sido construida.

Esta torre alberga el Museo del rey Matías en el que se exponen los detalles del destruido palacio real. El museo está abierto del 1 de mayo al 31 de octubre, a diario de 9 a 17.

Al edificio principal del antiguo palacio real se llega subiendo las escaleras de la casa que esta en la Fő utca 27. Las generosas terrazas del palacio fueron construidas en distintos niveles de la colina y forman un circulo alrededor del patio.

Entre tanto, se ha excavado por completo un tercio de la superficie del palacio. En la entrada hay monumentos y tallas de madera así como una parte de la ya descubierta puerta de entrada.

Así llegamos al primer nivel del palacio, donde está el patio de recepción de 1 a 3 m más profundo que la superficie actual del terreno.

En el segundo nivel se encuentra un espléndido patio de estilo gótico rodeado de una galería de columnas.

En el medio del patio se puede ver el monumento más valioso del palacio, una fuente renacentista decorativa cincelada en mármol rojo. A los lados tiene a Hércules con el escudo de armas del rey Matías. En el tercer nivel está la que antiguamente fuera la capilla real de estilo gótico y 31 m de largo. El baño con una pileta de agua fría y el jardín privado del rey están en el cuarto nivel, donde hoy aún está la famosa fuente del muro con leones y baldaquino.

En la cima, sobre el Danubio, están las ruinas del castillo principal (en eslavo "Visegrád" o "roca alta«). A pie se llega al castillo por el camino empinado desde la torre de Salomón. Para los vehículos se ha construido una calle con vistas panorámicas espectaculares (estación de autobús en la estatua de Matías, al principio de la Fő utca). El núcleo interior del castillo está rodeado de varias murallas y todo un sistema de puertas, pasos estrechos y puentes levadizos.

El interior oeste de la torre de la puerta es el que mejor conservado está. Desde la planta de la torre se tiene una hermosa vista de Visegrád y su maravilloso entorno.

El camino lleva a lo alto del castillo en la colina de **Nagyvillám**, desde cuya torre de vigilancia se tiene una bonita vista de Börzsöny y de las colinas de Cserhát. Cerca de la torre hay un tobogán de verano. A 1,5 km al norte de Visegrád está el bosque de Lepencer, que es uno más de los sitios preferidos como excursión por los habitantes de Budapest.

LA CALIDAD TIENE SU PREMIO

Primer premio en la Feria Internacional de Turismo de Berlín (ITB) en los años 2004, 2005 y 2006.
Los expertos del jurado premiaron la información actualizada, los mapas precisos y el formato compacto.

www.guiasarcoiris.es

Información Práctica

Budapest es una de las ciudades del Norte de Europa mimadas por el sol, y sus habitantes saben disfrutar de ello.

Desde cómo llegar hasta las distintas posibilidades en la aduana, pasando por un traductor de términos gastronómicos y las conexiones de los transportes : toda la información está resumida aquí.

Resumen de fechas y acontecimientos

Siglos II–IV d.C.
En el territorio de la actual Óbuda se encontraba Aquincum, la floreciente capital de la provincia romana de Pannonia.

896
La tribus del este toman Óbuda y la isla del Danubio: Csepel.

997–1038
Esteban I el Santo es el fundador de la ciudad y primer rey húngaro.

1241– 1242
Tanto el país como las ciudades de Pest y Buda quedan destruidos por el ataque de los tártaros.

1247– 1265
El rey Béla IV construye el primer castillo de Buda. Durante los siglos venideros será varias veces destruido y reconstruido de nuevo.

1309
La ciudad se convierte en Real con la coronación de Carlos Roberto de la Casa de Anjou en el castillo de Buda, y con Luis I el Grande (1342–1382) vive su primer apogeo.

1458 –1490
Con el rey Matías I, Buda se convierte en una de las ciudades más bonitas de Europa y tendrá gran importancia en la economía y la cultura. El rey, casado con Beatriz de Aragón, no tuvo hijos, así que tras su muerte su obra decayó.

1541
Los turcos ocupan Pest y Buda, retrasando su desarrollo durante los 150 años de dominio turco.

1686
Después de sitiarlas durante tres meses Pest y Buda son liberadas por las tropas de los Habsburgo. El castillo y su barrio son en gran parte destruidos .

Primera mitad del siglo XVIII
Óbuda, Buda y Pest comienzan a librarse de su retraso. Artesanos y comerciantes extranjeros empiezan a formar parte de los asentamientos.

1780
La Universidad Nagyszombat/ Tyrnau de Pressburgo se traslada a Buda.

1825–1848
Tiempos de reforma para los húngaros, con fuertes anhelos para conseguir la independencia de los Habsburgo y reafirmar sus propios valores.

1837
Después de graves inundaciones, se hace una gran rehabilitación de la ciudad.

1848–1849
La Revolución burguesa y la lucha por la libertad contra la Dinastía de los Habsburgo. El 15 de Marzo de 1848 se hace independiente la primera autonomía. Después de la derrota en 1849 la ciudad y su población sufren terribles medidas de represalia.

20 de Noviembre de 1849
El Puente de las Cadenas será la primera conexión permanente entre Pest y Buda.

1867
Se instaura la monarquía doble de Austria-Hungría. Francisco José e Isabel serán coronados como reyes de Hungría.

1872
Óbuda, Buda y Pest se unen en Budapest.

1896
Grandes celebraciones como celebración del milenio del aniversario de la fundación del país. Budapest tiene muchos nuevos edificios y monumentos.

1914 –1918
Budapest y Hungría sufren duramente, como toda Europa, bajo el peso de la Primera Guerra Mundial.

1918 –1919
Cae la doble monarquía y Hungría se independiza, primero como república civil, después como república de consejo. Tras cuatro meses en el poder, la derecha formará el sistema fascista con Horthy al mando.

1941– 1944
Hungría se pone de parte de Hitler en la Segunda Guerra Mundial. El 19 de Marzo de 1944 el país es ocupado por el ejército alemán como señal de unión. Desde el otoño de 1944, Budapest es gravemente destruido por las sucesivas batallas.

22 de Diciembre de 1944
Se constituye el Congreso Nacional provisional y el gobierno independiente en Debrecen.

4 de Abril de 1945
Liberación húngara por parte del ejército rojo de la Unión Soviética.

20 de Agosto de 1949
Tras un comienzo democrático, el Parlamento jura la nueva Constitución, dónde se declara el país como una República Popular.

1956
El 23 de Octubre de 1956 comienza la lucha antiestalinista, que será derrotada con la ayuda de las tropas de la Unión Soviética.

23 de Octubre de 1989
Después de dos años de reforma y democratización, se proclama la República Húngara.

2 de Mayo de 1990
En las primeras elecciones democráticas libres después de 40 años se constituye el nuevo Parlamento húngaro.

1990
Hungría entra a formar parte del Consejo Europeo.

1991
Salida de Hungría de la organización militar del Pacto de Varsovia.

1992
El último soldado de la Unión Soviética abandona territorio húngaro.

1992
La Asamblea de la ONU elige a Hungría como miembro durante dos años del Consejo de Seguridad.

1992
Hungría firma el Tratado de Adhesión con la Unión Europea.

2000
Hungría celebra el milenio de la constitución del estado húngaro.

1 de Mayo de 2004
Hungría es miembro de la Unión Europea desde **Junio de 2005**
La oficina del Presidente del Gobierno húngaro, Ferenc Gyurcsány, ha dado a conocer que el Euro no se introducirá en Hungría antes del año 2010.

Nunca más sin palabras

Palabras y expresiones importantes

sí	igen [igen]
no	nem [nem]
por favor	kérem [kehrem]
gracias	köszönöm [kössönöm]
y és [ehsch]	
¿Cómo por favor?	tessék [teschschehk]
No comprendo	nem értem [nem ehrtem]
Perdón	bocsánat [botschanot]
Buenos días (temprano)	jó reggelt [joh reggelt]
Buenos días (hasta las 12)	jó napot [joh nopot]
Buenas noches	jó estét [joh eschteht]
Me llamo ...	nevem ... [nevem]
Quién, qué, cuál	ki, mi, melyik [ki, mi, mejik]
Cuánto	mennyi [menjnji]
Dónde está	hol van [hol won]
Cuándo	mikor [mikor]
Cuánto (distancia)	meddig [meddig]
¿Habla alemán?	beszel Ön németül? [besel ön nemetül]
Adios	a viszontlátásra [o wisontlata-schro]
mañana	holnap [holnop]
Quiero cambiar ... Euros en...	... Euro ... re akarok váltani [... Euro ... re okorok wahltoni]

Números

uno	egy [edj]
dos	kettő [kattöh]
tres	három [harom]
cuatro	négy [nehdj]
cinco	öt [öt]
seis	hat [hot]
siete	hét [heht]
ocho	nyolc [njolz]
nueve	kilenc [kilenz]
diez	tíz [tis]

En ruta con y sin coche

¿Cuánto falta hasta ...	milyen messze van ... [mijen messe won]
¿Cómo se va a ...	hogy jutok el ... [hodj jutok el]
¿Dónde está	hol van [hol won]
– el próximo taller?	– a legközelebbi műhely [o legköselebbi mühhej]
– estación de tren / estación de bus?	– a pályaudvar / buszvégállomas [pajoudwor, bus-wehgallomasch]
– la próxima estación de metro / estación de bus	– a legközelebbi metró- / busz-megálló [o leg-köselebbi metroh- / busmegalloh]
– el aeropuerto?	– a repülőtér [o repülöhtehr]
– información turística?	– a turistainformáció [o turischto informahzioh]
– el próximo banco?	– a legközelebbi bank [o leg-köselebbi bonk]
– la próxima gasolinera?	– a legközelebbi benzinkút [o leg-köselebbi besin-kuht]
¿Dónde hay un médico / una farmacia?	hol találok egy orvost / egy gyó-gyszertárt [hol tolahlok edj or-woscht / edj djohdj-sertahrt]
Por favor lleno!	kérem teletankolni! [kehrem teletonkolni]
Gasolina normal	normál benzin [normahl bensin]
super	szuper [super]
diesel	dízel [disel]
derecha / izquierda	jobbra / balra [jobbro / bolro]

recto — *előre [elöhre]*

Deseo alquilar un coche /una bicicleta — *egy autót/kerékpárt bérelnék [edj outoht/ke rehk pahrt behrelnehk]*

Hemos tenido un accidente — *balesetünk volt [boleschetünk wolt]*

Un billete para ...por favor — *kérek egy jegyet ... ba [kehrak ödj jedjed ... bo]*

Hotel

Busco un hotel — *egy szállodát keresek [edj sahllodaht kereschek]*

Busco una habitación para... personas — *egy szobát keresek ... személyre [edj sobaht kereschek ... semehjre]*

¿Tiene alguna habitación libre? — *van még szabad szobájuk? [won meg sobod sobahjuk?]*

– para una noche — *egy éjszakára [edj ehjsokahro]*

– para dos días — *két napra [keht nopro]*

He reservado una habitación — *egy szobát foglaltam [edj sobat fogloltom]*

¿Cuánto cuesta una habitación? — *mibe kerül a szoba? [mibe kerül o sobo]*

– con desayuno — *reggelivel [reggeliwal]*

¿Puedo ver la habitación? — *megnézhetném a szobát? [megnes hetnehm o sobaht]*

Me quedo con la habitación — *kiveszem a szobát [kiwesem o sobaht]*

¿Puedo pagar con tarjeta de crédito? — *fizethetek bankkártyával? [fisethetek bonkkahrtjahwol]*

¿Hay sitio para — *van még helyük*

una tienda/ caravana? — *egy sátornak/ lakókocsinak? [won mehg hejük edj schahtornok/ lokohkotschinok]*

Restaurante

La carta por favor — *kérem az étlapot [kerem os ehtlopot]*

La cuenta por favor — *kérem a számlát [kerem o sahmlaht]*

Quisiera un café — *kérnék egy kávét [kehrnek edj kahweht]*

¿Dónde están los aseos de señoras/ caballeros? — *hol találom a női/ férfi WC-t? [hol tolalom a nöhi/ vehrvi WC-t?]*

Desayuno — *reggeli [reggeli]*

Comida — *ebéd [ebehd]*

Cena — *vacsora [wot schoro]*

De compras

¿Dónde hay ...? — *hol van ...? [hol won]*

¿Tiene usted? — *van Önöknek? [won önöknek]*

¿Cuánto cuesta esto? — *ez mibe kerül? [es mibe karül]*

Es muy caro — *ez túl drága [es tühl drahgo]*

Deme por favor 10 deka/1 kiló — *adjon kérem 10 deka/1 kiló [odjon kehrem tis dekö/edj kiloh]*

100 gramos/ un Kilo

Gracias, esto es todo — *köszönöm, ez minden [kösönö mes mindan]*

Panadería — *pékség [pehkscheg]*

Gran almacén — *áruház [ahruhhas]*

Carnicería — *hentes [hentesch]*

Comercio de alimentación — *élelmiszerüzlet [ehlelmiserüslet]*

Los términos gastronómicos más important

En el restaurante

La carta por favor	*kérem az étlapot [kerem os ehtlopot]*
La cuenta por favor	*kérem a számlát [kerem o sahmlaht]*
Quisiera un café	*kérnék egy kávét [kehrnek edj kahweht]*
Desayuno	*reggeli [reggeli]*
Comida	*ebéd [ebehd]*
Cena	*vacsora [wot schoro]*

A

almamártás: salsa de manzana
ásványvíz: agua mineral

B

bab: judías
barack: albaricoques
bárány: cordero
bécsi szelet: filete empanado
bifsztek: filete de ternera
birka: carnero
bor: vino
bors: pimienta
borjú: ternera
burgonya: patatas

C

citrom: limón
cseresznye: cerezas
csirke: pollo
csípős: picante
csokoládé: chocolate
csuka: lucio
csülök: codillo
cukor: azúcar

D

derelye: pollo guisado
dinnye: melón
dió: nuez

E

ecet: vinagre
édes: dulce
eper: fresas
erőleves: consomé

F

fácán: faisán
fánk: buñuelo
fehér: blanco
fekete: moka
foglalt: reservado
fogoly: perdiz
fogas: lucioperca
fokhagyma: ajo
főtt: cocido
fröccs: vino con soda
fürj: codorniz
füstölt: ahumado

G

galuska: masa de pan frita
gesztenye: castañas
gombaleves: sopa de champiñón
gombamártás: salsa de champiñón
gulyás: sopa de Gulash
gyümölcslé: zumo de fruta
gyümölcssaláta: macedonia

H

hagyma: cebolla
hal: pescado
halászlé: sopa de pescado
harcsa: siluro
hús: carne
húsleves: sopa de carne

I

ital: bebida

K

kacsa: pato
kalács: pastel
karaj: costilla
karfiolleves: sopa de coliflor
káposzta: hierbas
kapormártás: salsa de eneldo
kávé: café
kecsup: ketchup
kenyér: pan
keserű: amargo
kimért: abierto
kolbász: salchicha
könnyű: ligero (light)
köret: guarnición
korsó: jarra

krumpli: patatas

roston sült: a la parrilla

L

lekvár: mermelada
leves: sopa
liba: ganso
libamáj: hígado de ganso

M

máj: hígado
majgombóc: albóndiga de hígado
mák: semilla de amapola
malac: lechón
málna: frambuesa
málnaszörp: zumo de frambuesa
marha: vaca
mártás: salsa
mazsola: pasas
meggy: guinda
méz: miel
mogyoró: avellana
mustár: mostaza

N

narancslé: zumo de naranja
nyúl: conejo

O

őszibarack: melocotón
őszibacklé: zumo de melocotón *Olda-
las:* costillas
őz: corzo

P

pácolt: adobado
palacsinta: crepés
pálinka: licor
paprikás csirke: pollo con pimiento
paradicsomlé: salsa de tomate
paradicsomleves: sopa de tomate
pezsgő: cava
párolt: reducir (una salsa)
pirított: a la plancha
pisztráng: trucha
pogácsa: dulce de harina y huevo
pohár: vaso
ponty: carpa
pulyka: pavo

R

rétes: pastel de hojaldre
rizs: arroz
rostélyos: rosbif

S

sajt: queso
saláta: ensalada
sárgarépa: zanahoria
savanyú: ácido
sertés: cerdo
só: sal
sósburgonya: patata hervida
sonka: jamón
sör: cerveza
süllő: lucioperca
sült: asado
sütemény: bizcocho
szarvas: ciervo
száraz: seco
szilva: ciruelas
szódavíz: soda

T

tea: té
tej: leche
tejeskávé: café con leche
tejszínhab: nata
tojás: huevo
tonik: tónica
torta: tarta
torma: rábano
tök: calabaza
töltött: relleno
túró: requesón
tyúk: pollo

U

uborka: pepino

V

vaddisznó: jabalí
vadas mártás: salsa del cazador
vadkacsa: pato salvaje
vaj: mantequilla
vesevelő: riñones con sesos
víz: agua
vörös: rojo

Z

zöldbab: judía verde
zöldborsó: guisante verde
zsemlegombóc: albóndigas

Direcciones útiles y servicio al viajero

De un vistazo
Habitantes: 1,8 millones
Superficie: 525 Km^2
Economía: Budapest es el centro comercial, industrial, de los medios de transporte y de las finanzas y la Bolsa de Hungría.
Unidades de administración: 23 distritos
Religión: 65 % católico, 25 % protestante, 6 % judio, 3 % ortodoxo

Llegada
En avión
Desde España, sólo hay vuelos directos a Budapest desde Madrid y Málaga, con las compañías aéreas Iberia o Malev Hungarian Airlines. Los aviones aterrizan en el aeropuerto de Ferihegy Terminal II. Hay muchas compañías nuevas, que ofrecen vuelos baratos entre Budapest y otras ciudades europeas. Todos aterrizan en Ferihegy I, que no está lejos de la ciudad. Se pueden reservar y comprar los billetes por Internet. Hay un autobús que lleva hasta la estación de Köbánya-Kispest (última estación de la línea de metro 3), presta servicio desde las 4 hasta las 24 horas con una frecuencia de 20 minutos aproximadamente. Quien desee ir al hotel directamente, lo mejor es que tome el mini-bus al aeropuerto, que funciona como un taxi "colectivo". El viaje al centro de la ciudad cuesta unos 2.100 florines. El mini-bus se puede solicitar llamando al teléfono 2 96 85 55. El precio de un taxi al centro de la ciudad asciende a unos 5.000 florines.

IBERIA: www.iberia.es
Información y reservas en el teléfono 902 400 500

MALEV Hungarian Airlines: http://www.malev.hu/bp/eng/index.asp

Información y reservas: 902 101 445
Email: madrid.reservas@malev.hu

Información
Budapest
MAHART V., VIGADÓ TÉR 3;
TEL. 3 18 12 23
EMBARCADERO INTERNAC.
V., BELGRÁD RAKPART 13
TEL. 318-17-58

Cámping
Római Camping
····} Pág 109, al norte D 1
Capacidad para 250 caravanas o tiendas de campaña, cerca de las ruinas romanas del campamento de Aquincum y a la orilla del Danubio de Óbuda. Abierto todo el año. Se permiten perros, pero existe la obligación de tener cuidado de ellos.
III., Szentendrei út 189;
Tel. 3 88 71 67, Fax 2 50 04 26;
romaicamping@message.hu;
Tren HÉV: Aquincum

Magyar Camping és Caravanning Club
····} Pág 117, F 17
Central de Información
VIII., Baross utca 21; Tel. 3 17 37 03,
Fax 3 17 17 11; Metro: 3, Kálvin tér (c 5)

Representaciones Diplomáticas
Embajada Española ····}Pág 114, A14
Dirección: Eötvös U.11/B: 1067 Budapest VI Teléfonos: 202 40 06, 202 40 15; 202 40 48 Tel. desde España: 36 1 202 40 06; 36 1 202 40 15; 36 1 202 40 48 Fax:(36 1) 202 42 06
E-mail:
embesphu@mail.mae.es

Viaje por el Danubio
Dunai sétahajók
Salida: May–Oct, a diario 15 y 17:30, Sa y So también 11 y 20 desde el embarcadero **MAHART** Vígadó tér (V), cada cuarto de hora desde la salida del embarcadero

La Rákóczi út con la Estación del Este, erigida en 1882, al fondo.

MAHART **Bem József tér** (II).

Una vuelta de dos horas (con una visita guiada de una hora a la isla Margarita) cuesta unos 2000 Florines por persona, incluyendo una bebida a bordo.

FESTIVOS

1 Enero	Año nuevo
15 Marzo	Fiesta Nacional
Lunes de Pascua	
1 Mayo	
Lunes de Pentecostés	
20 Ago	**Fiesta del rey Esteban**
23 Oct	Día del levantamiento popular y la Revolución de 1956
1 Nov	Todos los Santos, desde 1999 no se trabaja
25/26 Dic	Navidad

OFICINA DE OBJETOS PERDIDOS

En cada distrito al lado del Ayuntamiento, en la lamada Oficina de Atención al Cliente (a diario 8–16:30).

DINERO

Del **Florín húngaro** hay monedas de 1, 2, 5, 10, 20, 50, 100 Florines y billetes con valor de 100, 500, 1.000, 2.000, 5.000 y 10.000 Florines. El cambio tiene ligeras variaciones, en Marzo 2006 el euro see cambiaba a 261 Floriness. Los bancos cobran comisión por cambiar moneda. En Hungría están presentes todo tipo de tarjetas de crédito, sobre todo Air Plus, Visa, American Express, Carte Blanche, Diners Club, Maestrocard, JCB Cards, Mastercard. Hay suficientes cajeros automáticos por todas partes.

Se puede cambiar dinero en cualquier banco. La mayoría de los bancos pertenecen a la Országos Takarékpénztár (OTP), que tiene una oficina en cada distrito. En el centro de la ciudad se pueden encontrar casetas de cambio (icuidado con el cambio!). Además puede cambiar también en todos los grandes hoteles. ¡No merece la pena en ningún caso, cambiar dinero »negro«!

Cajeros automáticos de día y noche y bancos comerciales y de crédito
·····⫸ Pág 113, F12
V., Károly körút 20; Metro: 1, 2, 3, Deák tér (b 5)

Así de típicos les gusta mostrarse a los húngaros. Son amantes de la música, de su traje regional y de la tradición...

BAÑOS TERMALES

En la ciudad de Budapest manan diariamente unos 50 millones de litros de agua, procedentes de de 32 fuentes, con una temperatura entre 20–76 °C. Los antiguos romanos ya conocían sus efectos curativos. Por eso las apreciadas aguas fluían por el acueducto desde Aquincum a la ciudad. En la edad media había caminos que iban desde el Palacio Real a las fuentes termales de los actuales baños de Rácz y Rudap.

Durante la invasión turca la cultura de los baños tuvo su apogeo. En la segunda mitad del siglo XIX se desarrolló la red de baños curativos de la moderna medicina Basip.

JÓVENES

Todo lo que referente a jóvenes y estudiantes se encuentra en los programas de información que pueden conseguir se en:

Express Utazási Iroda

····⋗ Pág 113, E 10

V., Semmelweis utca 4;

Tel. 3 17 80 45, Fax 2 66 61 91;

Metro: 2, Kossuth tér (b 4)

**Ibusz central de reservas de aloja-
miento.**   ⤍ Pág 113, E 12
V., Ferenciek tere 10;
Tel. 3 17 35 00, Fax 3 37 12 05; Metro: 3,
Ferenciek tere (c 5); a diario 9–16

ATENCIÓN MÉDICA
A los extranjeros se les presta primeros auxilios y el traslado al hospital gratis. La consulta médica y el tratamiento se tienen que pagar.

Farmacias de guardia
En la página de la estación Déli de
Buda.
                              ⤍ Pág 112, A 11
XII., Alkotás utca 1/B; Metro: 1,
Déli pályaudvar (a 4)
En el lado de Pest
– Nº 908   ⤏ Pág 118, A 22
IX., Boráros tér 3; Tranvía: 4, 6
– Nº 1415   ⤍ Pág 115, al este F 15
XIV., Örs vezér tere; Metro: 2,
Örs vezér tere (f 4)
Instituto Dental y Estomatológico
                              ⤏ Pág 114, A 16

(Stomatológia Intézet)
VIII., Szentkirályi utca 40; Tel:
317-66-00, a diario 0–24 ; Tranvía: 6

URGENCIAS
Urgencias generales 1 12
Bomberos (Tűzoltók) 1 05
Ayuda en carretera (Autómentő) 1
88
ADAC, ÖAMTC 3 45 17 17
Policía (Rendőrség) 1 07
Servicio de rescate (Mentők) 1 04

CORREOS
Horario de las oficinas
Lu–Vi 8–18, Sa 8–14
Oficinas abiertas hasta las 21 en las
estaciones de tren:
– VI, Teréz körút 51 (en la Estación Oe-
ste)
Metro: 3, Nyugati pályaudvar (también
Do 8–20)
– VIII, Baross tér 11/C (en la Estación
Este)
Metro: 1, Keleti pályaudvar

Cambio	
H	**EU**
Florín húngaro	Euro
50	0,19
100	0,39
200	0,78
300	1,16
500	1,94
750	2,91
1000	3,88
1500	5,81
2500	9,69
3500	13,57
4500	17,44
10 000	38,76
30 000	116,29

Gastos habituales en euros

1 Taza de cafe...........1,00–1,20

1 Cerveza 1,30–2,00

1 Cola 1,00

1 Pan (1 kg)......................0,60

1 Paquete de cigarrillos 2,00

1 Litro de gasolina 1,00–1,10

Ticket de metro
(1 trayecto) 0,70

Alquiler de coche
(un día) ....desde 30,00

Tarifa postal

Nacional: carta y tarjeta postal: 52 Fl. Extranjero, paises europeos, carta hasta 20 gr: 170 Fl; tarjeta postal: 120 Fl; urgente: 140 Fl.

DOCUMENTACIÓN DE VIAJE

Para viajar a Hungría los ciudadanos españoles y del resto de la Unión Europea, así como los, Suiza, Estados Unidos y Venezuela, tan sólo necesitan el carnet de identidad.

COSTUMBRES

Los ciudadanos de Budapest son hospitalarios y les gusta informar a los viajeros de sus costumbres. No es siempre fácil encontrar a húngaros que hablen idiomas extranjeros. La abierta simpatía con los clientes compensa la mayoría de las veces esta limitación. En los mejores restaurantes hay una persona encargada de la mesa y al final de la comida se puede pedir la cuenta conjunta o individualmente. A los húngaros les gusta conversar, a lo que dedican mucho tiempo, y no hay temas tabú. Desde luego los húngaros están muy orgullosos de sus logros, por ejemplo en el deporte o en el ámbito cultural, aunque sepan que estos logros no son siempre conocidos en el extranjero.

CLIMA

Budapest tiene un clima agradable y suave. Las épocas más placenteras para viajar son primavera y otoño. En verano dominan los vientos del noroeste, que traen aire fresco a la ciudad, mientras que las montañas de Buda detienen las rachas más molestas. La temperatura media a lo largo del año está en 11 ºC, en Julio es de 22º y en Enero -1 ºC.
En invierno, el termómetro supera los cero grados durante 100 días y está por debajo sólo 30 días.
La niebla y el tiempo húmedo son relativamente raros.

TOUR POR LA CIUDAD

Gran tour a la ciudad

Plaza de los Héroes, Panorama de la orilla del Danubio, exterior del Parlamento, vista desde la colina de Gellért, barrio del Castillo, Iglesia de Matías y Bastión de los Pescadores.
Duración: 3 horas; Precio: 3.600 Fl; Nov–Mar a diario 11, 14 , Abr–Oct a diario 10, 11, 14 ; Salida: parada del autobús IBUSZ
V., Erzsébet tér; Metro: 1, 2, 3, Deák tér (b 5); mapas: oficinas de IBUSZ, Hoteles

Visita al Parlamento

····> Pág 113, D 10

El interior del Parlamento, con la sala de la cúpula y las joyas de la corona, paseo por la plaza Kossuth. El Parlamento se reserva el derecho de cancelar visitas por falta de asientos
.Duración: 1,5 horas; Precio:
1.900 Fl; Nov–Mar Vi 11:30 , Abr–Oct Mi, Ju, Vi 11, 12:30 ; Punto de encuentro: Puerta de entrada al Museo Etnográfico
V, Kossuth tér 12; Metro: 2, Kossuth tér (b 4)
mapas: oficinas de IBUSZ, Hoteles

Luces y bailes en el Danubio

····> Pág 113, D 4

Paseo en barco con cena
Duración: 2 horas; Precio: 6.600 Fl; May–Sep Mi, Sa 20 ;
Salida: embarcadero
V., Vigadó ter; mapas: embarcaderos, oficinas de IBUSZ, Hoteles

TELÉFONO

Los teléfonos públicos funcionan con monedas de 10, 20, 50 y 100 Florines, o con tarjetas de teléfono que se compran en las oficinas de correo o en las tiendas de tabaco, las hay de 50 ó 100 unidades y cuestan 800 ó 1.600 Florines respectivamente.

Desde dónde llamar

El establecimiento de llamada en los teléfonos públicos cuesta una moneda de 20 Florines. Con tarjeta de teléfono: introducirla, esperar la señal y marcar el número.

Conferencias automáticas

Descolgar el auricular, introducir moneda o tarjeta, esperar la señal, marcar 06, esperar tono, marcar el código territorial y el número de teléfono.

Llamadas al extranjero

Descolgar el auricular, introducir moneda o tarjeta, esperar la señal, marcar 00, esperar tono, marcar el código del país seguido del código territorial y finalmente el número de teléfono deseado. Si llama desde un móvil, debe elegir la más barata entre las redes disponibles .

Códigos del país

España → Hungría: 00 36
Hungría → España: 00 34

Mascotas

Perros y gatos sólo pueden cruzar la frontera con un certificado de la vacuna de la rabia.
Para los perros es aconsejable, además, la vacuna del moquillo.

Propina

Peluqueros, esteticistas, camareros y taxistas reciben el 10 por ciento de la cuenta, mozos de equipaje de 50 a 100 Fl, porteros en ocasiones especiales entre 100 y 200 Fl y las camareras 100 Fl por día.

Conexiones de transporte

Con el coche

Hay que observar las siguientes reglas generales: los asientos para niños deben llevarse hasta que estos cumplan 12 años o tengan una altura de 150 cm. Todos los semáforos cambian de verde a rojo tras un corto parpadeo en amarillo. En prohibido aparcar, es decir en la mayoría del centro de la ciudad, se retiran los coches por la grúa sin ninguna piedad, no ayuda el que la matrícula sea extranjera (Información de la grúa tel. 3 83 07 00). Los coches aparcados se deben dejar cerrados. El dinero y los objetos o documentos de valor no se deben dejar en el coche ni tampoco

en el maletero. Estos consejos son válidos tanto si el coche es suyo como si es alquilado, lo que puede hacer siempre que tenga un canet de conducir en vigor y más de 21 años de edad.

Főtaxi ⸳⸳⸳⤳ Pág 119, E 23
IX., Könyves K. krt. 16; Tel. 2 96 86 18

Budapest Dollár ⸳⸳⸳⤳ Pág 113, D 11
V., Roosevelt tér 5; Tel. 3 17 21 29

Hertz Rent a Car
XVIII., Mednyánszky u. 13;
Tel. 2 96 09 99

Avis
V., Szervita tér 8;
Tel. 3 18 41 58, 3 18 42 40

Oficina de transporte público de Budapest: informa sobre el excelente sistema de transporte público. La línea de autobuses azules forma una tupida red de transportes. Las casi 40 líneas de tranvías amarillos circulan por lo general de 5 a 23, algunas también durante toda la noche. También algunas de las líneas de autobuses más frecuentadas (como la línea 6 de Nagykörút). Las doce líneas de trolebús rojos se comunican con el metro, el tranvía y el autobús.

El medio de transporte más rápido es el **Metro**. Sólo hay tres líneas: la amarilla marcada con **M1** va del centro a Városliget (bosquecillo de la ciudad); la roja llamada **M2** atraviesa Pest de Este a Oeste y continúa bajo el Danubio hacia Buda hasta Déli pályaudvar (estación de tren sur); la azul es la **M3** que va desde la estación término Kőbánya-Kispest (desde el aeropuerto se llega con la línea de autobús 93) hacia Pest, de Sur a Norte.

Además está el tren suburbano eléctrico (**HÉV**). Sus cuatro líneas empiezan en importantes plazas centrales y conectan con el extrarradio y alrededores de Budapest. Una curiosidad de la ciudad son los autobuses del

*El licor de hierbas Unicum se elabora hace 150 años con una receta secreta de la
familia Zwack. Antiguamente lo utilizaba el rey Francisco I como una bebida medicinal.*

agua. Circulan durante el verano cada hora entre Buda y Pest así como a la isla Margarita.

Dentro de la ciudad todos los medios de transporte tienen el mismo precio: el billete sencillo 185 Fl, la tarjeta de un día 1.150 Fl y la tarjeta semanal 3.400 Fl. También hay tarjetas de 3 días que cuestan 2.500 Fl. Hay billetes que incluyen un transbordo, cuestan 320 Fl. En cada transbordo se necesita un nuevo billete, también en el metro. Los billetes pueden comprarse en las estaciones de metro más gran des (los precios pueden haber cambiado).

Con la Budapest Card se incluyen todos los medios de transporte y todas las entradas de museos, la entrada al Zoo y al Parque de Atracciones, así como descuentos en visitas panorámicas en autobús y los paseos por el Danubio. Cuesta

4.350 Fl para dos días y 5.450 Fl para tres y es válida par un adulto con un niño de hasta 14 años.

Aparcamientos en la ciudad

Los aparcamientos no están sólo en la ciudad sino también en los distritos del extrarradio y aparcar se ha convertido en una lotería. Los coches aparcados de cualquier manera obligan a los peatones a salirse de la acera. En algunos distritos de la ciudad se han cerrado al tráfico:

sólo los taxis, transporte público y otros con permiso especial pueden entrar en el centro de la ciudad. Esta zona libre de automóviles está entre el muelle del Danubio, Kossuth Lajos utca y József Attila utca (aunque en determinados lugares todavía se puede circular). Lo mismo es válido para el barrio del Castillo (excepto el Hotel Hilton) y la isla Margarita (aquí se permite circular entre el puente Árpád y los hoteles). Invadir el carril taxi (y bus) es duramente

Duración de los viajes en transporte público (*minutos a pie) entre los monumentos importantes.

	Aquincum	Palacio Real	Parlamento	Bast. Pescadores	Vörösmarty tér	Baños Gellért	Ayuntamiento	Museo de arte/ Pza Héroes	Isla Margarita	Estación del Este	Ópera
Aquincum	–	40	25	35	30	35	35	40	35	40	40
Palacio Real	40	–	20	*10	25	20	20	35	45	30	25
Parlamento	25	20	–	25	*15	20	20	20	30	15	15
Bast. Pescadores	45	*10	15	–	20	15	15	30	40	25	20
Vörösmarty tér	30	25	*15	25	–	*10	10	10	35	15	*10
Baños Gellért	35	20	20	15	15	–	10	20	40	25	20
Ayuntamiento	35	20	20	15	*10	10	–	25	35	20	*10
Museo de arte/ Pza Héroes	40	35	20	30	10	20	25	–	40	20	10
Isla Margarita	35	45	30	40	35	40	35	40	–	45	40
Estación del Este	40	30	15	25	15	25	20	20	45	–	20
Ópera	40	25	15	20	*10	20	*10	10	40	20	–

sancionado .
En casi todos los sitios hay que pagar por aparcar: a diario de 8 a 18, sábados de 8 a 12 y los domingos y festivos aparcar es gratis
Los precios varían de un distrito a otro, la hora cuesta de media 240 Fl (aproximadamente 1 Euro).

Taxi
Los taxis son el método más barato, fácil y rápido de trasladarse a un hotel con equipaje. Se pueden pedir por teléfono (Citytaxi 2 11 11 11, Főtaxi 2 22 22 22, Budataxi 2 33 33 33), también son un modo sencillo de ir al extrarradio.

ADUANA
Entrada
Se pueden introducir en el país todos los objetos personales, alimentos para tres días, 250 cigarrillos o 50 cigarros puros, 250 g de tabaco, 2 l de vino y 1 l de licor. Una vez al año se pueden introducir libremente regalos por valor de 15.000 Fl.

Salida
Se pueden sacar regalos por valor de 15.000 Fl. Para determinadas mercancías, por ejemplo arte, se precisa un permiso del Banco Nacional Húngaro (Magyar Nemzeti Bank,) que tambien es expedido por algunos museos

Mapa

Fácil orientación. Con cuadrículas y símbolos para los lugares de interés y monumentos.

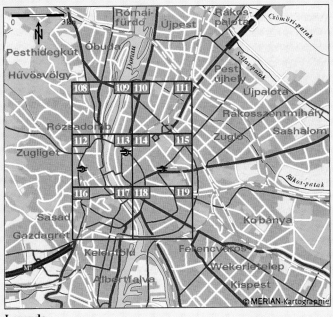

© MERIAN-Kartographie

Leyenda

Paseos

○—→● La Andrássy út (Pág.72)

○—→● El barrio del Castillo (Pág.76)

○—→● Isla Margarita (Pág.80)

Lugares de interés

🔟 Top 10 ARCOIRIS

🔟 Consejos ARCOIRIS

▣ Monumento; edificio público.

♦ Iglesia

✿ Sinagoga

🏛 Museo

ᛘ Monumento

⌒ Cueva

Tráfico

▬▬▬ Autopista

───── Vía principal

───── Calle

▨▨▨ Zona peatonal

🅿 Párking

🅑 Parada de bus

Ⓜ Metro

HÉV Tren suburbano

⚡ Estación de tren

╱ Telesilla

┄┄┄ Tren cremallera

Otros

🛈 Información

♉ Teatro

🍴 Mercado

🐾 Zoo

▢ Consulado, embajada

☀ Punto de interés

†₊† Cementerio

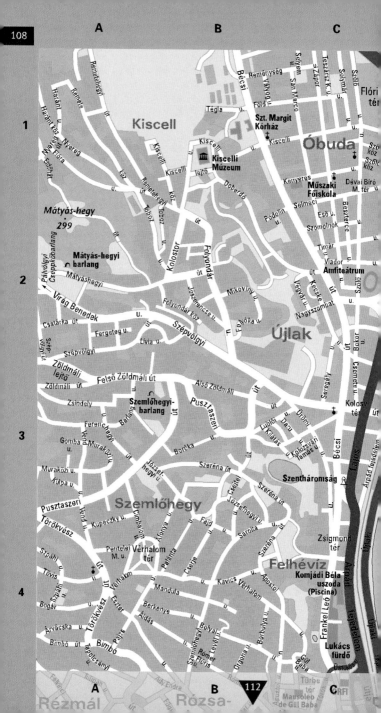

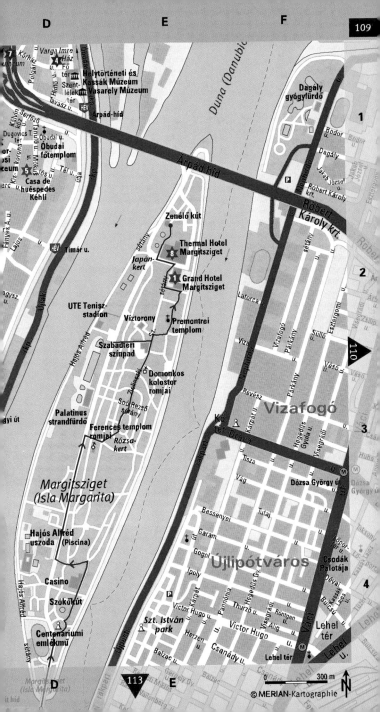

Varga Imre
Ház

Kórház
múzeum

Polgár u.

Hídfő
tér

Szent-
lélek
tér

Főr.

lavasz u.

Helytörténeti és
Kassák Múzeum
Vasarely Múzeum

Árpád-híd

HÉV

Kálvin

Serfőző

Dugovics T.
tér

Óbudai u.

Óbudai
főtemplom

Pacsirtamező u.

Mókus u.

Tél u.

Tél utja

Casa de
huéspedes
Kéhli

5

Kiskorona u.

Nagyszombat u.

Árpád híd

Duna (Danubic

Dagály
gyógyfürdő

Bodor

Dagály

Népfürdő u.

Jakab József

Robert Károly
krt.

Róbert
Károly krt.

P

1

Fényes A. u.

Lajos

Újlaki

HÉV

Timár u.

Zenélő kút

Thermal Hotel
Margitsziget

8

Japán-
kert

sétány

Grand Hotel
Margitsziget

Latorca u.

Esztergomi u.

Róbert

Zsilip u.

2

UTE Tenisz-
stadion

Víztorony

Hajós Alfréd

Zielinski sétány

Premontrei
templom

Szabadtéri
színpad

sétány

Domonkos
kolostor
romjai

Soó Rezső
sétány

Palatinus
strandfürdő

Ferences templom
romjai

Rózsa-
kert

Vizafogó

sétány

Vizafogó
sétány

Párkány u.

Süllő

Vizafogó

Párkány

Revész

Kárpát u.

Hegedűs
Gyula u.

Visegrádi u.

Vásár u.

Vásár u.

Huba

Dráva u.

Kő

tér

Tisza

Vág

Dózsa György út

M

Dózsa
György u.

Jászai
Mari tér

Margitsziget
(Isla Margarita)

Bessenyei

Tutaj

Taksony

Hajós Alfréd
uszoda (Piscina)

Casino

Szökőkút

Garam

Gogol

Ipoly

Újlipótváros

Victor Hugo

Pannónia

Hegedűs Gy.

Thurzó

Visegrádi

Röntgen u.

Csáky u.

Alig

Kassák Lajos u.

Déri u.

Csodák
Palotája

Déva u.

Balzac u.

Lehel

4

Centenáriumi
emlékmű

Újpesti

Szt. István
park

Herzen

Victor Hugo

Csanády u.

Viator

Lehel tér

Vágó u.

Lehel
tér

M

Lehel u.

Margitsziget
(Isla Margarita)
it híd

D

113

E

© MERIAN-Kartographie

N

110

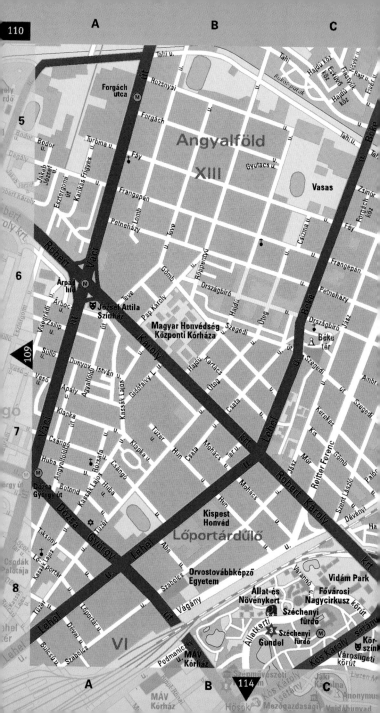

A   B   C

Tahi u.

Forgách
utca

Rozsnyai

Tahi u.

Hajdú köz
Esztova köz
Hajdú köz

Tahi u.

Béke

5

Bodor

Forgách

Angyalföld

Tahi u.

Vasas

Turbina u.

Fáy

XIII

Gyutacs u.

Zsinór

Jakab
József

Esztergomi

Karikás Frigyes

Frangepán

Csikna u.

Fáy

Forgách köz

Petneházy

Forgách köz

Fáy

Róbert

Váci

Frangepán

6

Árpád
híd

Teve

Róberth krt.

Országbíró

Petneházy

Ároc...

Visegrádi

József Attila
Színház

Pap Károly

Gömb

Haidú

Országbíró

Üteg

Béke
tér

109

Sulló

Károly

Dunyov István

Magyar Honvédség
Központi Kórháza

Szegedi

Szegedi

Üteg

Vágó

Vágó

Apály

Angyalföldi

Gádraluv u.

Kassák Lajos

Haidú

Karács

Üteg

Csata

Szegedi

Kerekes

Szegedi

Ambr...

7

Váci

Klapka

Csángó

Huba

Tuzér

Klapka u.

Hun

Csata

Mohács

Lehel krt.

Jász

Mór

Kis

Gömb

Reitter Ferenc

Szent László út

Pajor...

György út

József
György út

Angyalföldi

Botond

Kassák Lajos

Bozsár

Csángó

Huba

Mohács

Hun

Róbert Károly

Dévanyi

Ha...

Kispest
Honvéd

Dózsa

Tuzér

Lehel

Taksony

Aba

Lőportárdűlő

krt.

Lő...u.

Kassák Lajos

Lőportár u.

György út

Orvostovábbképző
Egyetem

Szabolcs

Várnna

Vidám Park

Fővárosi
Nagycirkusz

Róbert Károly körút

8

Tuzér

Lehel

Dávid u.

Lőportár u.

Vágány

Állat-és
Növénykert

Állatkerti

Széchenyi
fürdő

Széchenyi
fürdő

Kós Károly

Kör-
szink

Lehel

Bulcsu u.

Szabolcs

VI

Gundel

Podmanic...

MÁV
Kórház

Vágány

út

Városligeti
körút

A   B   C

114

MÁV
Kórház

Hősök

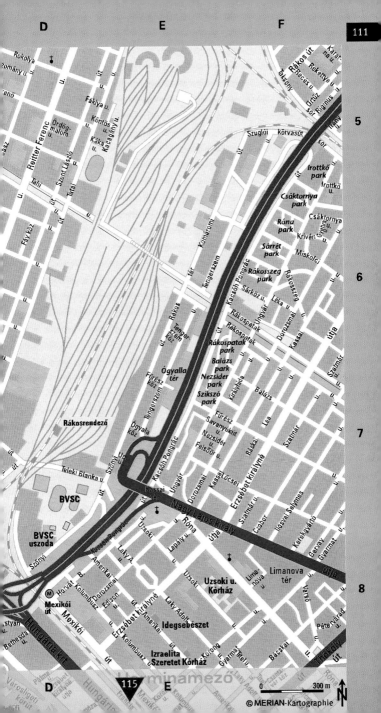

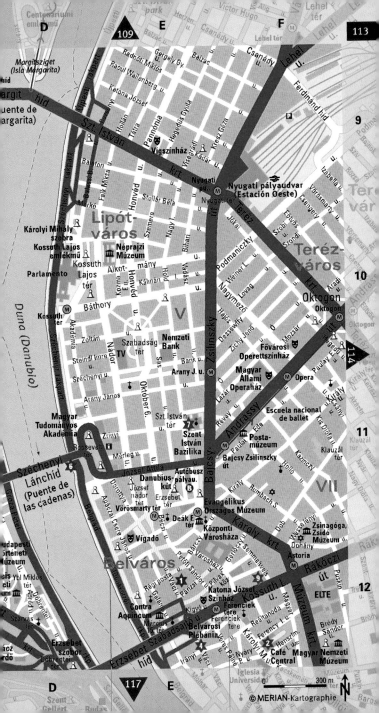

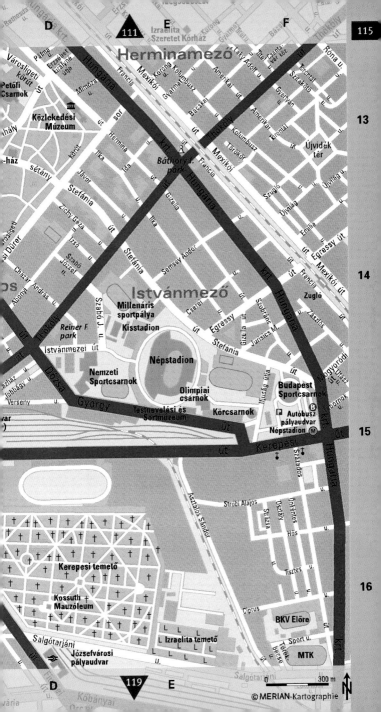

Herminamező

Istvánmező

D **E** **F**

13

14

15

16

111

119

Izraelita
Szeretet Kórház

Városligeti
körút

Petőfi
Csarnok

Közlekedési
Múzeum

Erzsébet
királyné
útja

Pálma

Mimóza u.

Korong u.

Kolumbusz u.

Gyarmat u.

Ajtósi Adolf

Itató

Csánta-
vér köz

Thököly

Róna u.

Torontál

Szakkör köz

Gyertyán u.

Francia u.

Mexikói út

Amerikai út

Bácskai

Amerikai

Kolumbusz

Torontál

Ujvidék
tér

Hungária

Hermina u.

Ilka u.

Ida u.

Gizela u.

Ilka u.

sor

Javor

Jávor

Stefánia

Zichy Géza u.

Zsó u.

Szabó
József

Csász. András

Abony u.

Batthyány u.

Dürer sor

Báthory I.
park

Törökőr

Mexikói

Stefánia

Sem sey Andor

Cserei u.

Szugló

Ujlak

Egressy út

Francia út

Mexikói út

Zászlós

Zugló

Emilia

Hungária krt.

Millenáris
sportpálya

Kisstadion

Reiner F.
park

Szabó J. u.

Istvánmezei út

Cserei u.

Egressy

Egressy

Stefánia

Gizela u.

Szobránc u.

Jurisics M.

Ifjúság útja

Nemzeti
Sportcsarnok

Néstadion

Olimpiai
csarnok

Testnevelési és
Sportmúzeum

Körcsarnok

Budapest
Sportcsarnok

Autóbusz
pályaudvar
Népstadion

Mogyoródi

Dózsa
György

Verseny u.

Jobbágy u.

Kerepesi temető

Kossuth
Mauzóleum

Salgótarjáni

Józsefvárosi
pályaudvar

Kerepesi út

Kerepesi út

Asztalos Sándor

Stróbl Alajos

Oszlály

Önfentes

Oszlály

Hős

Tisztes

Ciprus

Izraelita temető

Századas

Strázsa

Hungária krt.

BKV Előre

MTK

Sport u.

Török

Salgótarjáni

0   300 m

© MERIAN-Kartographie

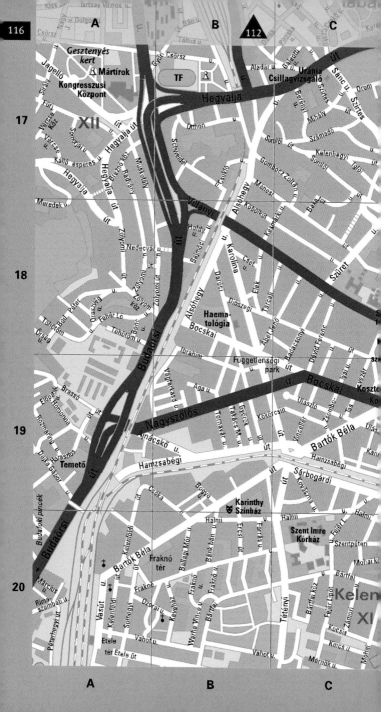

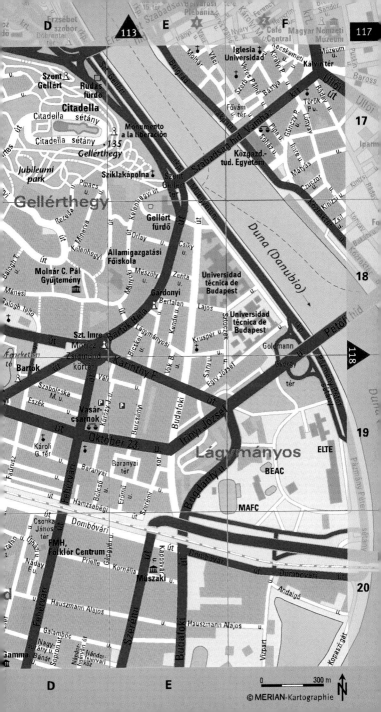

A   B   ▲ 114   C

21

Bródy Sándor u.
Múzeum
Puskin u.
Krúdy u.
Baross u.
Baross
Rigó u.
Horváth Mihály tér
Futó
Vajdahunyad
Józsefvárosi templom
Magdolna u.
Danko u.
Erdélyi
Mátyás tér
Szilágyi
Dankó Sándor
Baross
Józsefvárosi
Baross
Klinikák
Nap u.
Práter u.
Corvin köz
Kisfaludy
Benicky u.
Szigony
Losonci tér
Nagy Templom
Leonardo da Vinci
János
Jázmin
Fűvészkert
Egyetemi Botanikus Kert
Üllői út
Iparművészeti Múzeum
Krúdy
Hőgyes E.
Ferenc krt
Üllői
Futó
Apáthy
Bókai
Balassa u.
Klinikák
Üllői út
Kinizsi
Ráday
Bakáts tér
Tűzoltó
Tompa
Ferenc tér
Tűzoltó
Szigony
Klinikák
1848-1948
Ludovika tér
22
Lónyay
Bakáts
Kálaz u.
Ferencvárosi templom
Mester
Angyal
Liliom
Páva
Berzenczey
Bokréta
Viola
Balázs Béla
Thaly Kálmán
Vendel
Boráros tér
Sóskáli
Boráros tér
Vaskapu
Tinódi
Ipar
Lenhossék
Sobieski János
Ernő
Telepi
Mihálkovi
Fehér Holló
117
Malomipari Múzeum
Dandár
Drégely
u. Márton
Haller
Mester
IX
23
ELTE
Duna (Danubio)
Haller
Pápay I. u.
Városgazda
Tóth Kálmán
Natkóll
Bárd
Mester
Bolgár templom
Ferencvár
Vágóhíd
Máriassy
Könyves
24
Lágymányosi híd
Laczkovics u.
Bajaállomás
Kvassay Jenő út
Vágóhíd
Gubacsi út
Külső
Csont u.
Koppány
Erzsébet emlékmű

A   B   C

D E F

Salgótarjáni u.

Józsefvárosi pályaudvar

115

Izraelita temető

MTK

Salgótarjáni u.

Lokomotív u.

Kőbányai út
Orczy tér

Csobánc

Visi Imre u.

Sárkány

Drióstegíry Sámuel

VIII

21

Vajda Péter

Golgota

Bíró Lajos

Reguly Antal

Benyovszky Móric

Lengyel sétány

Vajda Péter

zsefváros

Orczy-kert

Elnök

Nagyvárad tér

Batsányi

Semmelweis Orvostudományi Egyetem

Rezső

Bláthy Ottó

Győrffy István u.

Könyves Kálmán krt.

Népliget

22

Planetárium

Ullói

Szt. István Kórház

Gyáli

Népliget

Jurta Színház

Mutatványos tér

FTC

Szt. László Kórház

Bakáts u.

Iránka u.

23

Merényi G. Kórház

Külkereskedelmi Főiskola

encvárosi pályaudvar

Lenkey

Fék

Péceli

MÁV munkástelep

Gyáli

Merényi G. Kórház

24

Ecseri

Epreserdő

0   300 m

© MERIAN-Kartographie

D E N

124 Índice alfabético

Aquí están ordenados alfabeticamente los monumentos, museos, hoteles (H) y restaurantes (R). Además se incluyen las palabras clave más importantes y los (Top10 ARCOIRIS) y (Consejo ARCOIRIS) de esta guía. Si se introduce un concepto varias veces, la letra en negrita advierte con el número al margen del nombre principal, un número en *cursiva* advierte de una foto.

A

Academia de Bellas Artes 73
Academia de Ciencias 60
Academia Húngara de Ciencias 78
Academia Húngara de Música 38
Aduana 106
Agropecuario, museo 66
Alabárdos (R) 26
Állat-és Növénykert 49
Állatkert 45
Anfiteatro 49
Andrássy út 72
Antigüedades 31
Aquincum (Consejo ARCOIRIS) 9, **63**
Aranyszarvas (R) 27
Archivo nacional 77
Arte popular 35
Artes plásticas, museo 65
Arte, sala (Consejo ARCOIRIS) **69**, 74
Artistas, colonia 87
Astoria (H) 18
Ayuntamiento 56

B

Balaton 21
Baños, curativos 102
Baños del rey 9
Barroco 9
Barroco, palacio noble 9
Bartók Bela Emlékház 63
Basílica 59
Bastión de los Pescadores (Consejo ARCOIRIS) 4, 6, **54**, 76
Batthyány tér 49
Batthyány, plaza 49
Bauhaus 10
Bécsi Söröző (R) 23
Béla-Bartók, casa museo 63
Belvárosi Plébánja 49
Benczúr (H) 18
Best Western Lido (H) 16
Bohémtanya Vendéglő (R) 23
Bosquecillo de la ciudad 11, 45, **61**, 72
Buda 6, 7, 9
Buda, colina/s 7, 82
Buda, barrio del Castillo (Consejo ARCOIRIS) 9, 49, **76**
Buda, ayuntamiento 76
Budai Városháza 76
Budapest (H) 18
Budapest Bábszínház 45
Budapest, Centro de Congresos 10
Budapest Hilton (H)l 79
Budapest Marriott (H) 15
Budapest, museo histórico 63
Budapest, teatro de marionetas **45**, 73
Budapesti Történeti Múzeum 63
Budavári Labirinthus (Consejo ARCOIRIS) 69
Budavári palota (Consejo ARCOIRIS) 50
Burg Vajdahunyad 44, 61
Búsuló Juhász (R) 26

C

Café Central (Consejo ARCOIRIS) 22
Café Gerbeaud *24*
Café Kör (R) 27
Cafés 22, **24**
Cambio, tipos de 101
Camping 100
Casa de Subastas (Consejo ARCOIRIS) 34
Casa del Terror 68
Casas de la Cultura 37
Casinos 39
Castillo, museo 63
Cerámica 32
Cervecerías 22, **23**
Circo 45
City Hotel Mátyás (H) 18
City Hotel Pilvax (H) 18
Clasicismo 9
Clima 103
Clubs 37
Comer y beber 20
Compras 30
Conciertos 38
Contra Aquincum 50
Corinthia Hotel Aquincum (H) 16
Correos 102
Costumbres 103

D

Danubio 6
Danubio, viajes 101
Danubio, paseo 51
Dinero 101
Discos 35
Discotecas 37
Documentos de viaje 103
Dohány utcai Zsinagóga 51
Dominico, convento 81
Dunakorzó 51

E

Ecseri 34
Egyetemi Botanikus Kert 52
Egyetemi Templom 52
Ejército imperial 9
Ernst Múzeum 69
Erzsébet (H) 18
Erzsébet emlékmű 52
Erzsébet híd 52
Erzsébet szobor 52
Escenarios al aire libre 42
Esculturas, parque (Consejo ARCOIRIS) 11, 57
Estación del Oeste 58
Estadio 10
Estalinismo 8
Etnográfico, museo *62*, 67
Evangélica, iglesia 9
Evangélico, museo nacional 64
Evangélius Országos Múzeum 64
Excursiones 70, 82, 84, 87

F

Familia 44
Farkasrét 7
Fatál (R) 27
Festivos, días 101
Fekete Holló (R) 28
Feria de otoño 43
Ferenciek tere 52
Fiestas 40
Fészek Étterem (R) 28
Flamenco Budapest (H) 16
Flores 31
Fő tér (Consejo ARCOIRIS) 53
For Sale (R) 24
Főrárosi Nagycirkusz 45
Fövam tér 10
Franciscanos, plaza 52
Funicular 59

G

Galerías 62, 63, **68**
Galería Nacional Húngara 63, 65

Todos los datos de esta guía turística han sido comproba-
dos escrupulosamente. Los precios, horarios, etc. están
sujetos a cambios. El editor declina cualquier responsabi-
lidad derivada del uso de esta guía sea por errores, omi-
siones o cambios producidos en la información que se
proporciona.

Publicado originalmente con el título "Budapest"
© **TRAVEL HOUSE MEDIA GmbH, Munich (Alemania)**
© **de la edición española: Albatros Digital S.L. 2007**

Autor: János Nemes

ISBN: 978-84-935417-3-6
Depósito Legal: D.L. GU-452/2006
Impresión: AJANTA OFFSET (India)

* Traducción: **Yolanda Navarro Martínez**
* Maquetación: **Jonathan Crespo Cuesta**
* Asesor en geografía e historia: **José Luis Sánchez Peral**
* Mapas: **MERIAN-Kartographie**
* Fotografías:
Portada: Parlamento Húngaro (R. Freyer)
Resto de fotos: todas de R. Freyer, excepto: Bildagentur
Huber/Giovanni Simeone 48; K. de Cuveland 67; Gardi/ laif
80; U. Haafke 2 l, 2 m, 66; H. Hamann 86; O. Heinze 35, 62,
70, 79; Kirchner/ laif 7; Kristensen/ laif 12/13;
S. Morgenstern 4/5, 99; Neumann/ laif 43, 55; REA/ laif 11;
transit/Tom Schulze 33; T. Stankiewicz 14, 26, 44, 84, 100;
E. Wrba 23, 53, 78.

www.albatrosdigital.com